图文古人游记

坤舆图说

【比】南怀仁◎著　施袁喜◎译注

人民东方出版传媒
People's Oriental Publishing & Media

东方出版社
The Oriental Press

图书在版编目（CIP）数据

坤舆图说 /（比）南怀仁 著；施袁喜 译注 . － 北京：东方出版社，2024.7
ISBN 978-7-5207-3263-5

Ⅰ . ①坤… Ⅱ . ①南… ②施… Ⅲ . ①历史地理－世界 Ⅳ . ① K916

中国国家版本馆 CIP 数据核字 (2023) 第 230475 号

坤舆图说

（KUN YU TU SHUO）

作　　者：（比）南怀仁
译　　注：施袁喜
责任编辑：邢　远
出　　版：东方出版社
发　　行：人民东方出版传媒有限公司
地　　址：北京市东城区朝阳门内大街 166 号
邮　　编：100010
印　　刷：三河市同力彩印有限公司
版　　次：2024 年 7 月第 1 版
印　　次：2024 年 7 月第 1 次印刷
开　　本：650 毫米 × 920 毫米　1/16
印　　张：18
字　　数：200 千字
书　　号：ISBN 978-7-5207-3263-5
定　　价：88.00 元
发行电话：（010）85924663　85924644　85924641

总序

中国文化是一个大故事，是中国历史上的大故事，是人类文化史上的大故事。

谁要是从宏观上讲这个大故事，他会讲解中国文化的源远流长，讲解它的古老性和长度；他会讲解中国文化的不断再生性和高度创造性，讲解它的高度和深度；他更会讲解中国文化的多元性和包容性，讲解它的宽度和丰富性。

讲解中国文化大故事的方式，多种多样，有中国文化通史，也有分门别类的中国文化史。这一类的书很多，想必大家都看到过。

现在呈现给读者的这一大套书，叫作"图文中国文化系列丛书"。这套书的最大特点，是有文有图，图文并茂；既精心用优美的文字讲中国文化，又慧眼用精美图像、图画直观中国文化。两者相得益彰，相映生辉。静心阅览这套书，既是读书，又是欣赏绘画。欣赏来自海内外二百余家图书馆、博物馆和艺术馆的图像和图画。

　　"图文中国文化系列丛书"广泛涵盖了历史上中国文化的各个方面，共有十六个系列：图文古人生活、图文中华美学、图文古人游记、图文中华史学、图文古代名人、图文诸子百家、图文中国哲学、图文传统智慧、图文国学启蒙、图文古代兵书、图文中华医道、图文中华养生、图文古典小说、图文古典诗赋、图文笔记小品、图文评书传奇，全景式地展示中国文化之意境，中国文化之真境，中国文化之善境，中国文化之美境。

　　这是一套中国文化的大书，又是一套人人可以轻松阅读的经典。

　　期待爱好中国文化的读者，能从这套"图文中国文化系列丛书"中获得丰富的知识、深层的智慧和审美的愉悦。

王中江

2023 年 7 月 10 日

前言

　　十五世纪末期（1498 年），达·伽马（Vasco da Gama）开辟出联结东西方的新航线之后，西方传教士陆续来到中国。除基督教外，他们还带来了当时西方先进的科学技术知识和全新的世界地理观念。对于明末清初士大夫们来说，西方传教士传达的世界地理观念就像一场大地震一样，深刻地动摇了他们以中国为本位的世界观。西方传教士带来的先进地理知识和地图绘制技术，也使得中国地图的绘制进程接上了世界轨道。利玛窦、南怀仁是其中的佼佼者，贡献尤为重大。

　　利玛窦，意大利传教士。明神宗万历十二年（1584 年），他抵达广东肇庆，绘制出《山海舆地全图》。七年后，他将地图献给明神宗，深得神宗喜爱。万历三十年（1602 年），《山海舆地全图》经多次重绘后，由太仆寺少卿李之藻出资，改名《坤舆万国全图》刊行。坤，地也。舆，车厢，引申为承载。大地如车舆，承载万物，故称坤舆。古人把地图称为舆图，《坤舆万国全图》也就是今天所说的世界地图。《坤舆万国全图》开创了中国绘制世界地图的先例，在中国地图绘制史意义重大。其一，它对中国地理的描绘极其详尽。不仅详细标注了中国省份、重要城市，还描绘了中国主要的山川、河流等。其二，将地球阐释为一个星球，颠覆了中国古代"天圆地方"的概念。其三，利玛窦与李之藻在翻译的过程中，把西方的地理知识同中国传统文化相结合，创造地意译出如经纬、赤道、南极、北极、金星、木星、水星、火星等地理名词，且影响一直持续至今。

《坤舆万国全图》刊行后，神宗皇帝便让宫中画匠临摹，赠送给皇子和皇亲国戚。此后，又流传到了韩国、日本等国家，促进了整个亚洲地理学、天文学的发展。

南怀仁，比利时传教士，是利玛窦的学生。清康熙十三年（1674年），在《坤舆万国全图》的基础上，他仿制出了《坤舆全图》，并刊印。相较于《坤舆万国全图》，《坤舆全图》布局更为合理，制作更为精致。南怀仁还巧妙地运用"动静之义"，论证了舆图的"地圆说"；用经纬理法的科学制图方法，标识出五大洲的南北东西迄点；对全球著名的山岳高度、河流长度等做了大量的数据统计；第一次提出"小西洋"的概念，即印度洋水系。这使得《坤舆全图》成为中国古代世界地图的集大成者，也是近代以来世界地图史上第一份比较完整的世界地图，具有里程碑意义。

随后，南怀仁又刊印《坤舆图说》，并对其进行解说。《坤舆图说》分为上、下两卷，上卷科普自然地理常识，如地体之圆、地球南北两极、地震、山岳、海水之动、海之潮汐、江河、天下名河、气行、风、云雨、四元行之序并其形、人物等；下卷载录世界人文地理知识，包括亚细亚洲及各国各岛分论14则、亚墨利加洲及各国各岛分论14则、墨瓦蜡尼加洲、以及四海总说、海状、海族、海产、海舶等，末附异物图，有动物（鸟、兽、鱼、虫等）23种，以及七奇图（世界古代七大奇迹）等，共32幅图。关于五大洲的记述，多采自《职方外纪》而略加新说。此次出版，对《坤舆图说》进行了校定、翻译，并将《坤舆全图》配在书中，以体现它的史料价值。

限于编者才能与学识，书中漏误之处，还望读者朋友多多指正！

─目录─

卷上

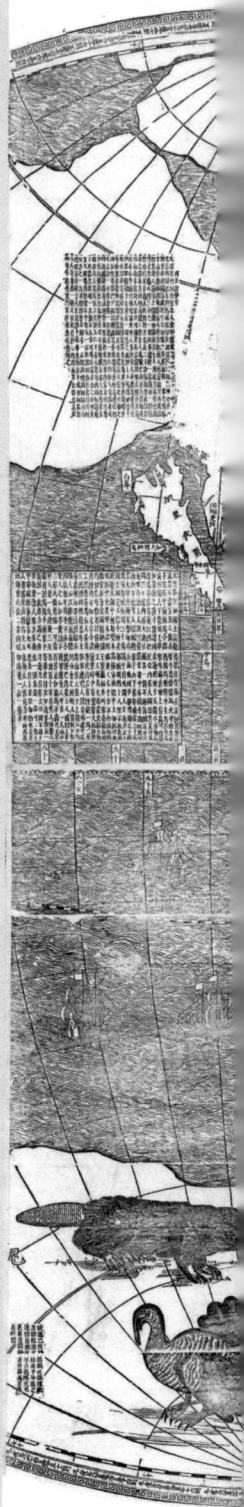

卷下

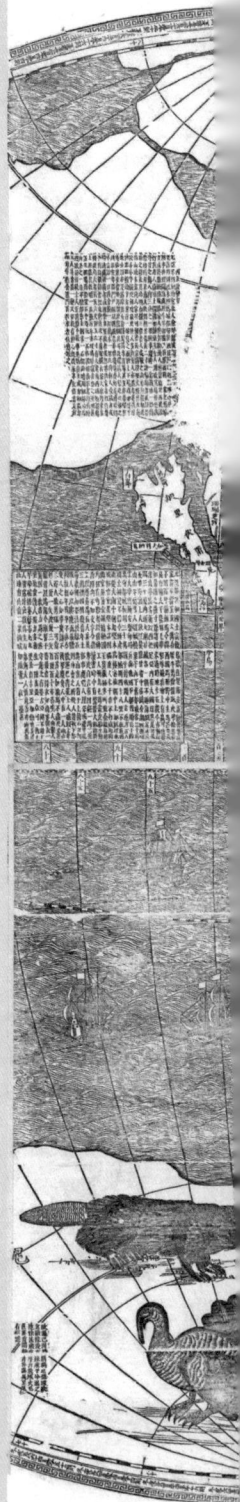

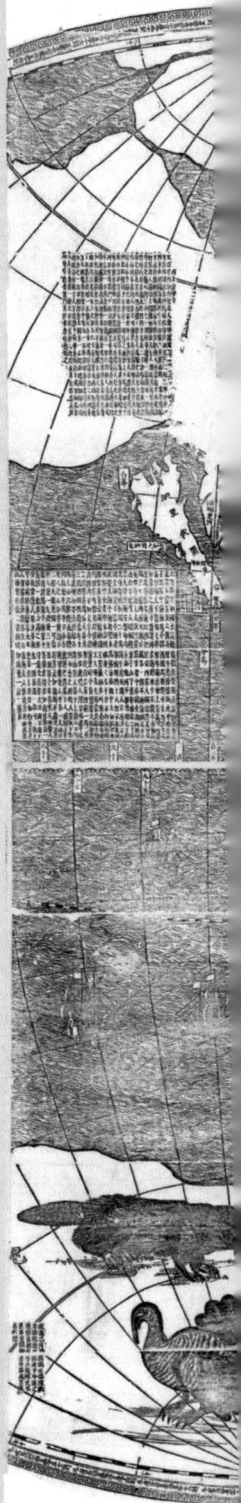

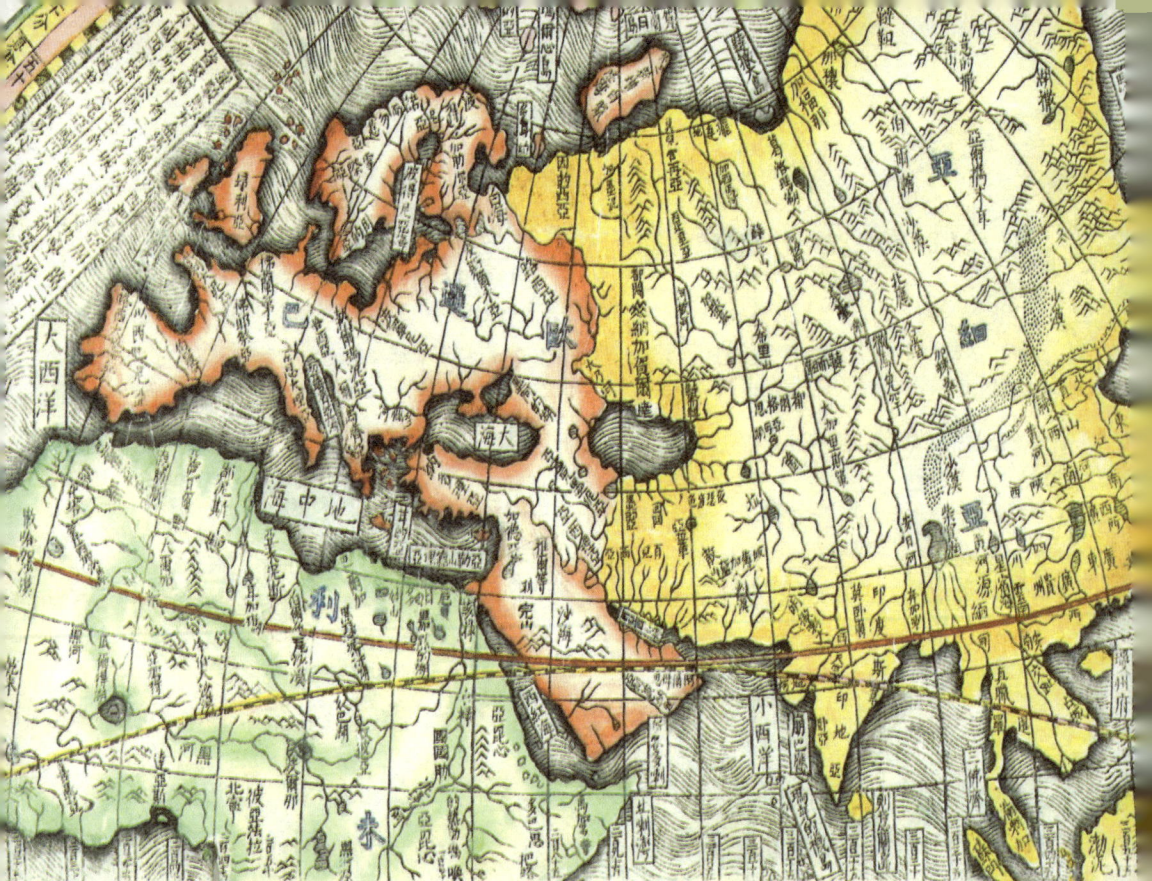

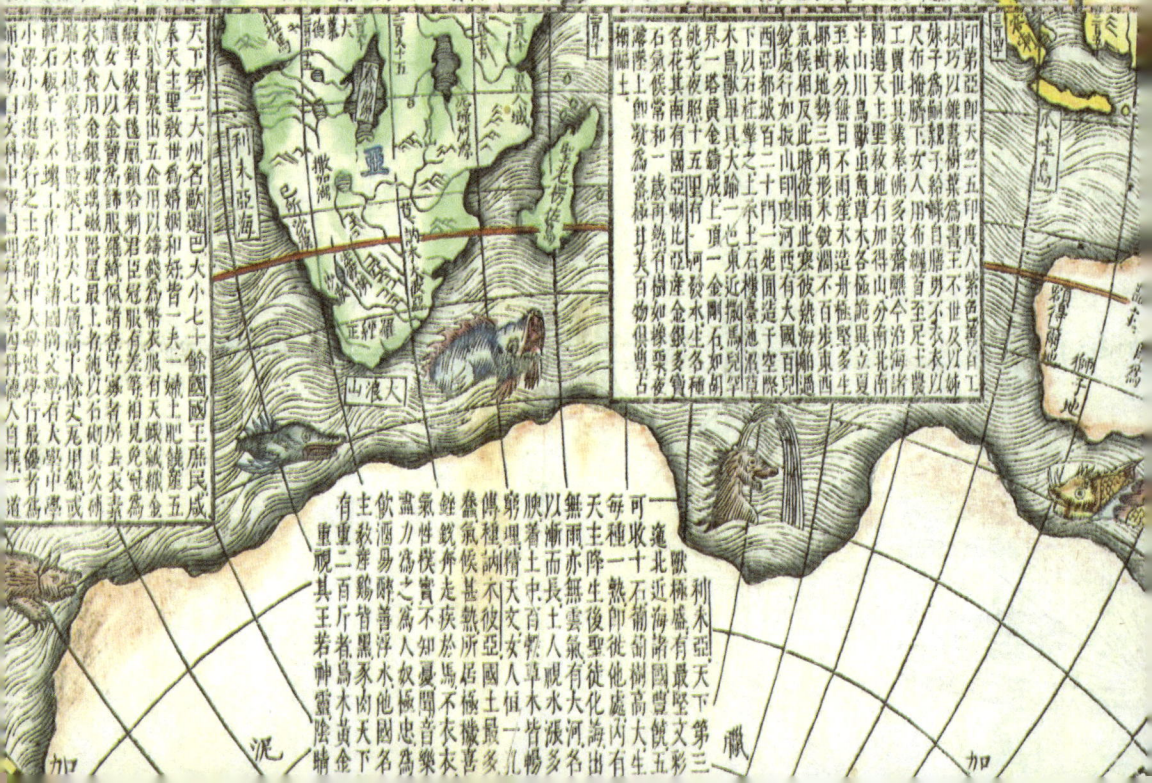

天西洋

歐邏巴

亞細亞

大西洋

地中海

利未亞

赤道

小西洋

卷上

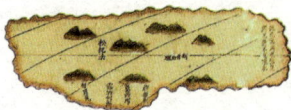

【原文】

《坤舆图说》者，乃论全地相联贯合之大端也。如地形、地震、山岳、海潮、海动、江河、人物、风俗、各方生产，皆同学西士利玛窦、艾儒略、高一志、熊三拔诸子。通晓天地经纬理者，昔经详论，其书如《空际格致》《职方外纪》《表度说》等，已行世久矣。今撮其简略，多加后贤之新论，以发明先贤所未发大地之真理。

【译文】

《坤舆图说》是一部关于整个地球相互联系和统一的重要著作。比如地理形态、地震、山川、海潮、海洋活动、江河、人物、风俗、各地的生产等，都是以利玛窦、艾儒略、高一志和熊三拔诸位先生的著作为标准。对天地经纬度有深入了解的学者，曾经都对此详细加以论述，他们的著作如《空际格致》《职方外纪》和《表度说》等，皆流传已久。现在我们将这些著作的要点概括起来，并结合后来学者的新观点，以揭示先贤们尚未发现的关于地球的真理。

【原文】

夫地与海本是圆形，而合为一球，居天球之中，诚如鸡子黄在青内。有谓地为方者，乃语其定而不移之性，非语其形体也。天既包地，则彼此相应，故天有南北二极，地亦有之；天分三百六十度，地亦同之。天中有赤道，自赤道而南二十三度半为南道；赤道而北二十三度半为北道。按中国在赤道之北。日行赤道，则昼夜平；行南道，则昼短；行北道，则昼长。故天球有昼夜平圈列于中，昼短、昼长二圈列于南北，以著日行之界。地球亦设三圈，对于下焉。但天包地外为甚大，其度广；地处天中为甚小，其度狭；此其差异者耳。查得直行北方者，每路二百五十里，觉北极出高一度，南极入低一度；直行南方者，每路二百五十里，觉北极入低一度，南极出高一度；则不特审地形果圆，而并征地之每一度广二百五十里；则地之东西南北各一周，有九万里实数也。是南北与东西数相等，而不容异也。

【译文】

　　大地与海洋原本是圆形，两者结合生成一个星球，处于天体之中，就像蛋黄在蛋白中间一样。有人说大地是方形的，只是指其稳定不变的特性，并非指其形体。既然天包围着地，它们则相互对应，因此天有南极和北极，大地也是同样的；天分为三百六十度，大地也一样。天球中间有赤道，从赤道向南二十三度半是南半球，向北二十三度半是北半球。中国位于赤道北边。太阳沿赤道运行时，南北半球昼夜时长等长；沿南回归线运行时，北半球白天较短；沿北回归线运行时，则白天较长。因此，天球中有一个平均昼夜的圆圈位于中间，南北各有一个表示昼短和昼长的圆圈，以标志太阳运行的界限。地球也有三个圈层，与所述相对应。但是，在地球以外，天球所包围的空间非常大，度数广阔；地球在天球所包围的范围内是非常小的，度数也很狭窄；这就是它们的差异所在。通过探查计算，向北每直行二百五十里，北极升高一度，南极降低一度；向南每直行二百五十里，北极降低一度，南极升高一度。

《坤舆全图》涂色版（局部）

［比利时］南怀仁　收藏于法国国家图书馆

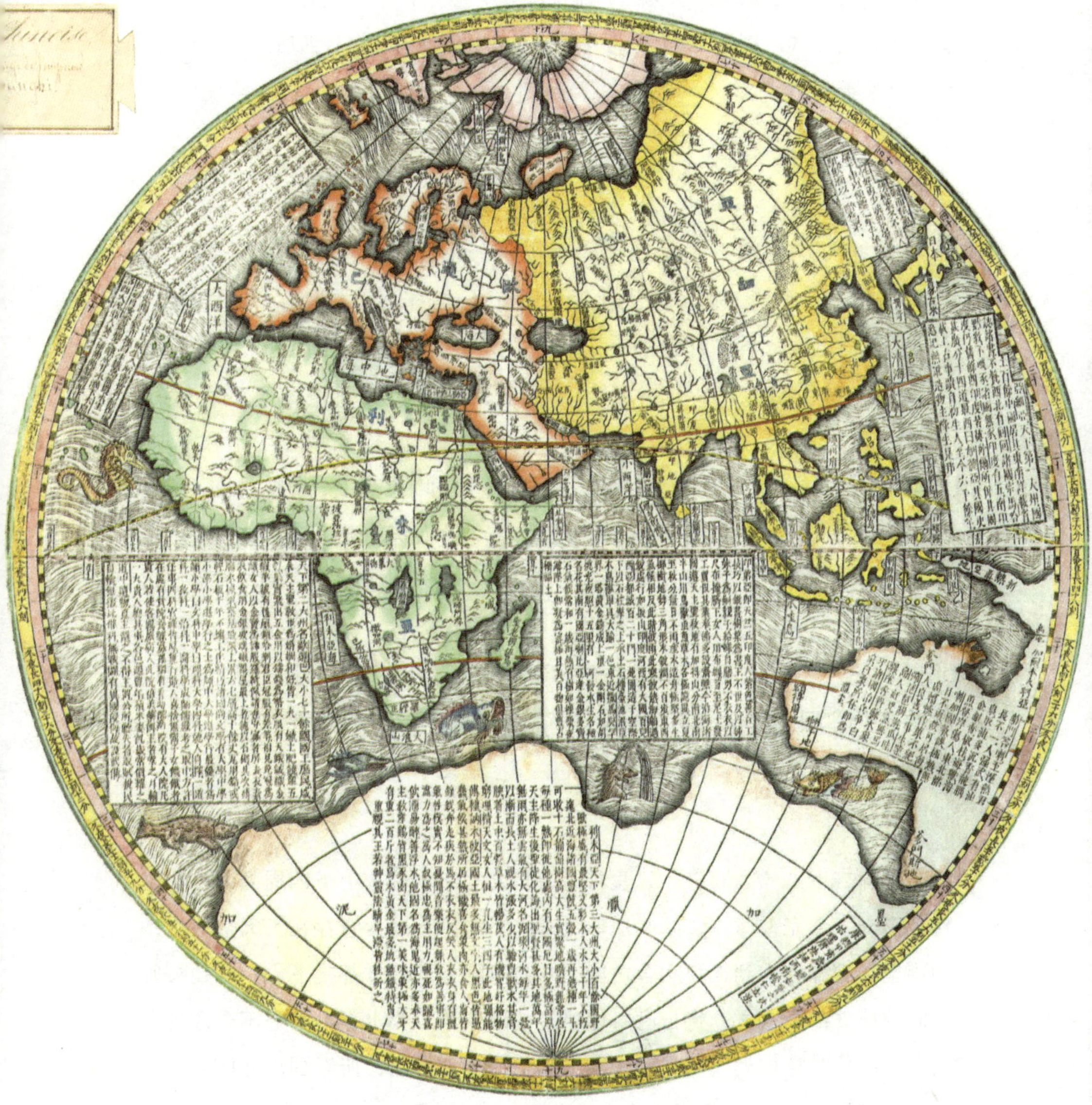

因此，不仅证实了地球形状为圆，而且每一度经度相当于二百五十里；那么，地球东西南北各一周，总共有九万里。地球从南到北与从东到西所跨度数相等，没有什么差异。

【原文】

夫地厚二万八千六百三十六里零百分里之三十六分，上下四旁，皆生齿所居，浑沦一球，原无上下。盖在天之内，何瞻非天！总六合内，凡足所仵，即为下；凡首所向，即为上；其专以身之所居分上下者，未然也。且予自大西浮海入中国，至昼夜平线，已见南北二极，皆在平地，略无高低。道转而南，过大浪山，已见南极出地三十五度，则大浪山与中国，上下相为对待矣。而吾彼时只仰天在上，未视之在下也。故谓地形圆，而周围皆生齿者，信然矣。以天势分山海，自北而南为五带：一在昼长、昼短二圈之间，其地甚热带，近日轮故也；二在北极圈之内，三在南极圈之内，此二处地居甚冷带，远日轮故也；四在北极、昼长二圈之间，五在南极、昼短二圈之间，此二地皆谓之正带，不甚冷热，日轮不远不近故也。

【译文】

地厚二万八千六百三十六里零百分里之三十六分，上下四周都有生物居住，形成一个完整球体，原本地球没有上下之分。因为它存在于天空之内，朝哪里去看都会看到天！六合之内，凡是脚站立的地方都是下方；凡是头所指向的地方都是上方；将自己身体所处的位置划分为上下，那是不合适的。而且，我乘船穿越大西洋来到中国，到达昼夜平分线，所看到南北两极，它们都位于平坦土地上，几乎没有高低之别。然而，当我向南转向，经过大浪山，就看到南极与地面成35度夹角，这么看来，大浪山与中国距离海平面的高度一上一下。那时我只是仰望天空，没有观察自己所立足的土地。所以说地球形状是圆的，并且周围都有生物居住，这是可以相信的。根据天势，将地球划分为五个带区，自北向南分别为：第一个位于昼长和昼短两个区域之间，那里非常炎热，是靠近太阳的缘故；第二个位于北极圈内，第三个位于南极圈内，这两个地区非常寒冷，是远离太阳的缘故；第四个位于北极和昼长两个区域之间，第五个位于南极和昼短两个区域之间，这两个地区被称为温带，既不过于寒冷也不过于炎热，这是太阳距此不远不近的缘故。

【原文】

又以地势分舆地为五大洲：曰欧逻巴、曰利未亚、曰亚细亚、曰南北亚墨利加、曰墨瓦腊泥加①。若欧逻巴者，南至地中海，北至青地及冰海，东至大乃河、墨阿的湖、大海，西至大西洋。若利未亚者，南至大浪山，北至地中海，东至西红海圣老楞佐岛，西至阿则亚诺海，即此洲只以圣土之下微路与亚细亚相联，其余全为四海所围。若亚细亚者，南至苏门答喇、吕宋等岛，北至新增白腊及北海，东至日本岛、大清海，西至大乃河、墨阿的湖、大海、西红海、小西洋。若亚墨利加者，全为四海所围，南北以微地相联。若玛热辣泥加②者，尽在南方，惟见南极出地而北极恒藏焉，其界未审何如，故未敢订之。惟其北边与爪哇及玛热辣泥峡为境也。

【注释】

① 墨瓦腊泥加：15世纪至18世纪，欧洲地图上出现的假想大陆。
② 玛热辣泥加：即墨瓦腊泥加。

【译文】

根据地势将地球分为五个大洲：欧逻巴、利未亚、亚细亚、南北亚墨利加、墨瓦腊泥加。欧逻巴南部延伸到地中海，北到青地和冰海，东到大乃河、墨阿的湖和大海，西到大西洋。利未亚南部延伸到大浪山，北到地中海，东到红海的圣老楞佐岛，西到阿则亚诺海。这个洲只通过接壤的陆地与亚细亚相连，其余部分被海水包围。亚细亚南部延伸到苏门答喇、吕宋等岛屿，北到新西伯利亚和北海，东到日本、大清海，西到大乃河、墨阿的湖、大海、红海和小西洋。南北亚墨利加被海水所围，南北之间通过狭小的土地相连。玛热辣泥加主要位于南方，只能看到南极而永不见北极，关于其边界尚未确定，所以不敢贸然记录在册。现只知它的北边与爪哇和马来西亚附近海峡相接。

《坤舆全图》清刊本 ▶

[比利时] 南怀仁　收藏于法国国家图书馆

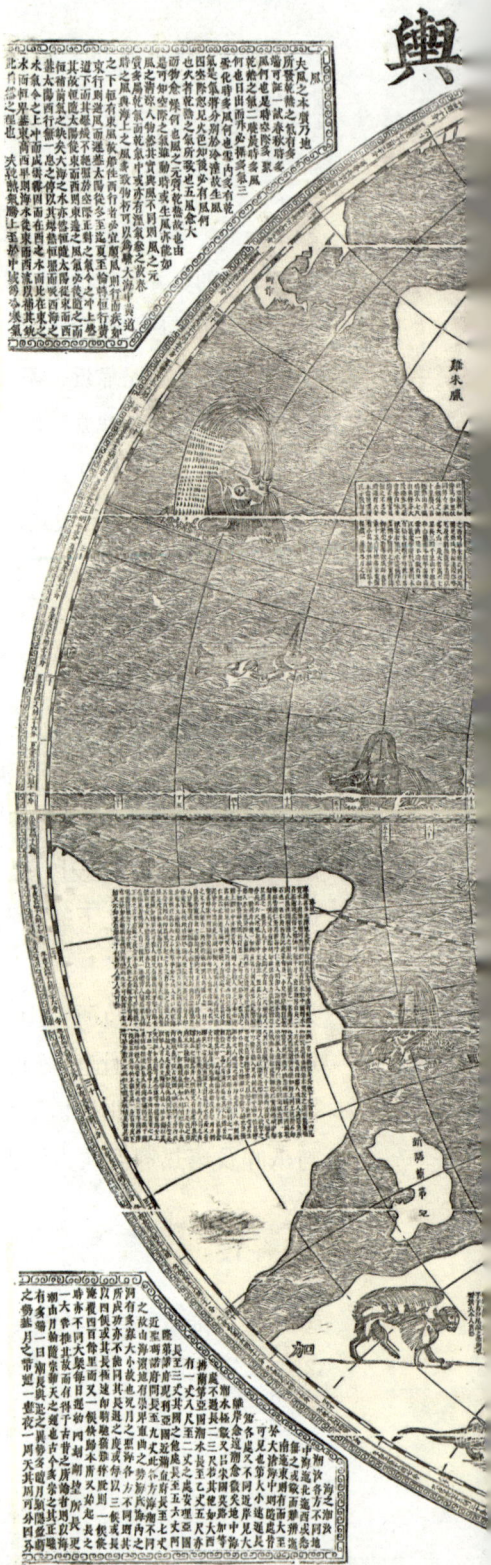

坤

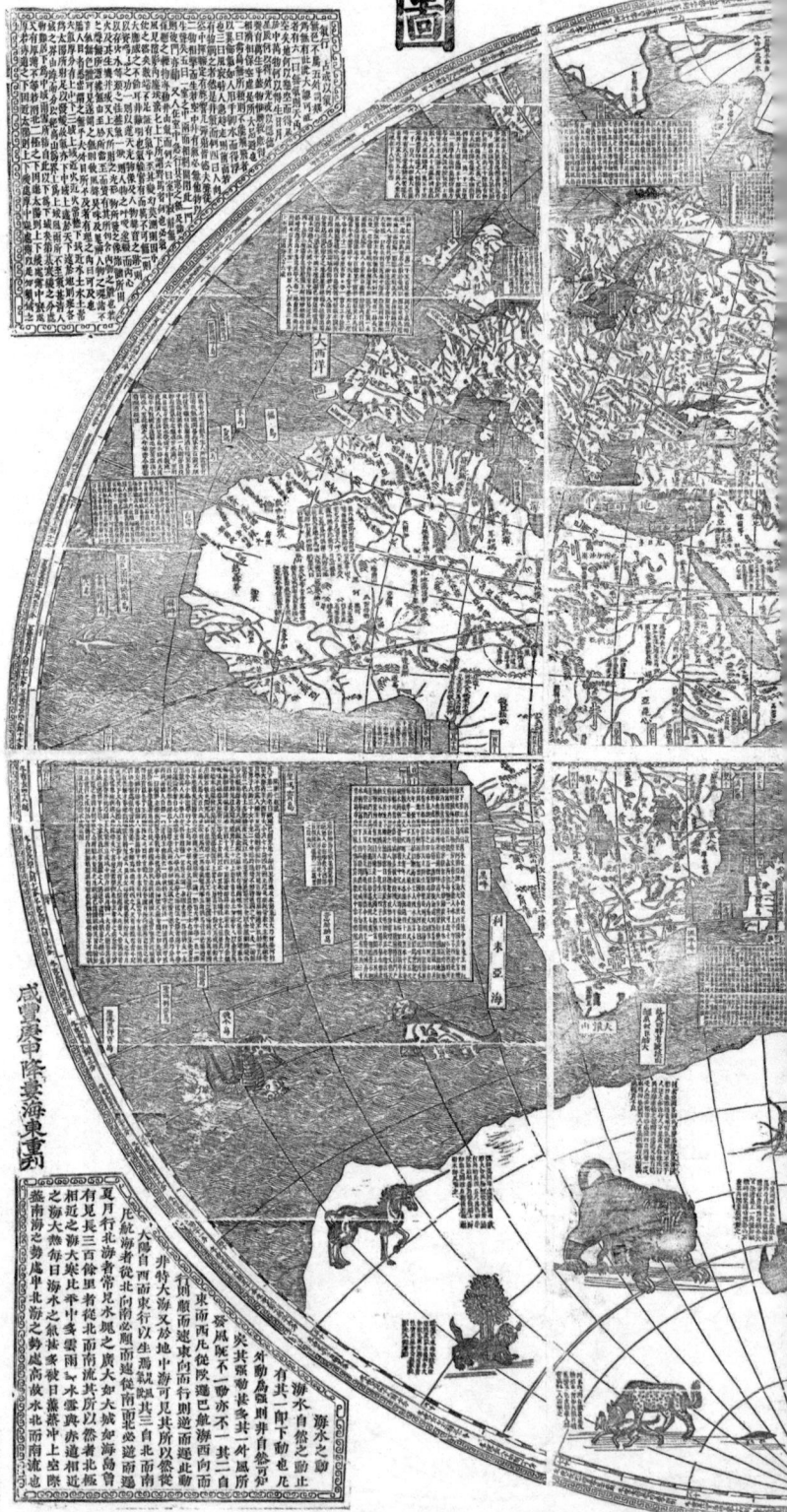

圖

大西洋

利未亞海

大浪山

咸豐庚申陸費垚海東重刊

全

南亞墨利加

新阿蘭地亞

墨瓦蠟泥加

大洋海

【原文】

其各洲之界，当以五色别之，令其便览。各国繁夥难悉，原宜作圆球，以其入图不便，不得不易圆为平、反圈为线耳。欲知其形，必须相合，连东西二海为一片，可也。其经纬线，本宜每度画之，今且惟每十度为一方，以免杂乱。依是可分置各国于其所。

【译文】

各个洲的边界可以用五种颜色来区分，使其一目了然。各个国家繁多，难以尽述，最好绘制成一个球体，又因为将其绘制在地图上多有不便，只能将球体转换为平面，将圆圈转换为线条。如果想要了解其形状，必须将图的两端相接，将东西两个海洋连接为一个整体，这样就可以。经纬线本应按度画出，但现在只能每十度为一个跨度画出，以避免混乱。根据这样的划分，各个国家均可以被放置在各自的位置上。

【原文】

天下之纬，自昼夜平线为中而起，上数至北极，下数至南极；天下之经，自顺天府起为初度，至三百六十度复相接焉。试如察得福岛，离中线以上二十八度，离顺天府以东二百十五度，则安之于所也。凡地在中线以上至北极，则实为北方；凡在中线以下，则实为南方焉。又用纬线，以著各极出地几何。盖地离昼夜平线度数与极出地度数相等，但在南方，则著南极出地之数，在北方，则著北极出地之数也。假如视京师隔中线以北四十度，则知京师北极高四十度也；视大浪山隔中线以南三十五度，则知大浪山南极高三十五度也。凡同纬之地，其极出地数同，则四季寒暑同态焉。若两处离中线度数相同，但一离于南，一离于北，其四季并昼夜刻数均同，惟时相反，此之夏为彼之冬耳。其长昼、长夜离中线愈远，则其长愈多。余为式以记于图边，每五度其昼夜长何如，则东西上下隔中线数一，则皆可通用焉。

【译文】

天下的纬度从昼夜平分线作为中线开始，向上溯源到北极，向下追溯到南极；天下的经度从顺天府起算为第一度，到三百六十度后循环相接。比如以察得福岛为例，它距离中线以上二十八度，在顺天府东二百一十五度，以此可以确定它的位置。地球在中线以上至北极的部分被称为北半球，而在中线以下的部分被称为南半球。同时使用纬线来得出各个地方的纬度。因为某地距离平分线的度数与两极的度数相等，但在南方时，需要标记南极距离该地的度数，在北方则标记北极距离该地的度数。假设我们认为京师距离中线北四十度，就可以知道京师比北极度数高四十度。将大浪山看作在中线之南，就可以知道大浪山比南极度数高三十五度。同一纬度的地区，距离两极度数相同，所以四季的寒暑情况也相同。如果有两个地方离中线的度数相同，但一个在南方，一个在北方，那么它们的四季和昼夜的长度都是相同的，只是时间上相反，即这里是夏天，那处便在冬天。对于昼夜长短的情况，距离中线越远，持续时间就越长。我将它作为公式记在图边，每五度标记一下昼夜的长度，东西上下隔中线的度数一样，都可以通用。

【原文】

用经线以定两处相离几何辰也。盖日轮一日作一周，则每辰行三十度，两处相离三十度，并谓差一辰。假如山西太原府列在于三百五十五经度，而则意兰岛列于三百二十五经度，彼此相去三十度，则相差一辰。故凡太原为午，则意兰为巳，其余仿此焉。设差六辰，则两处昼夜相反焉。如所离中线度数又同，而差南北，则两地人对足底反行。假如河南开封府离中线以北三十四度，而列在于三百五十七经度；又南亚墨利加之内近银河之地，如赵路亚斯等，离中线以南三十四度，而列于一百七十七经度，彼此相去一百八十度，即六辰，则彼此相对反足底行矣。从此可晓同经线处并同辰，而同时见日月蚀焉。

【译文】

可以使用经度来确定两个地方之间的时间差。由于太阳每天转行一周，每个时辰运行三十度，所以两地相隔三十度被称为相差一个时辰。举例来说，如果太原府的经度在三百五十五度，意兰岛的经度在三百二十五度，它们之间相差三十度，即相差一个时辰。所以如果太原是午时，那么意兰已经是巳时，其他地方均可以据此类推。如果两地相差六个时辰，则两地的白天和黑夜正好相反。如果两地离中线的度数相同，但分列南北半球，则两地的人行走时脚底相对。举例来说，如果开封府位于北纬三十四度，经度为三百五十七度，而南亚墨利加，那片接近银河的土地上，比如赵路亚斯等地，位于南纬三十四度，经度为一百七十七度，它们之间相隔一百八十度，即相差六个时辰，这意味着两地的人们行走时足底相对。通过这种方式，我们可以知晓在同一经度上的国家时间相同，可以同时看到日月食现象。

【原文】

夫地图所定各方之经纬度，多历年世，愈久而愈准。盖其定法以测验为主，当其始，天下大半诸国地及海岛不可更仆，前无纪录之书，不知海外之复有此大地否也。近今二百年来，大西洋诸国名士航海通游天下，周围无所不到，凡各地依历学诸法测天，以定本地经纬度，是以万国地名舆图大备如此。其六合之地及山川、江河、湖海、岛屿，原无名称，凡初历其地者，多以前古圣人之名名之，以为别识而定其道里云。

【译文】

　　地图所确定的各地经纬度是经历多年的精确测量而逐渐准确起来的，测试越久得到的数据便越准确。地图经纬度的制定方法主要依靠测量和验证，起初，大部分国家海岛都没有变动位置，大概是因为此前没有记录这片海外陆地的著作，也不知道海外是否存在类似的陆地。近两百年来，大西洋诸国的名士们航海游历世界各地，几乎到达了周围的每个角落。各地根据历法和其他测量方法来测定本地的经纬度，因此世界各国的地名和地图都得以完备。地图上的陆地、山川、江河、湖海、岛屿原本没有名称，早期的地理学家多以古代圣人的名字来命名，以作区分和识别，并确定它们的位置与区域划分。

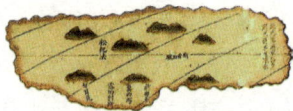

地体之圆

世谓天圆而地方，此盖言其动静之义、方圆之理耳，非言其形也。今先论东西，次论南北，以证合地圆之旨。日月诸星，虽每日出入地平一遍，第天下国土，非同时出入。盖东方先见，西方后见，渐东渐早，渐西渐迟。

【译文】

世上流传天圆地方的说法，这种说法实际上是指天体的运动静止、内在规律，而并非在说形状。现在我们先讨论东西方向，再论南北方向，以证明地球是圆形的说法。日月和其他星体，虽然每天都在地平线上出现和消失，但在世界各国，并非同时出现和消失。东方先看到日出，西方后看到日出，越向东日出时间越早，越向西日出时间越晚。

【原文】

自南而北，地为圆体，亦可推焉。如第三图，西、南、东、北为周天，甲、乙、丙为地之圆球，丁、戊、己为地之方面。若人在圆球之乙，即见在南诸星，从乙渐向丙，即南诸星渐隐矣。渐向甲者反是。

若人在平面之丁，即得俱见南北二极之星，其在戊、在己，亦如南北极，诸星何由得渐次隐见乎？则地之为圆体，固可证矣。

【译文】

　　从南到北，也可以推导出地球是圆形的。如第三图所示，西、南、东、北是天空，甲、乙、丙代表地球，丁、戊、己代表地球的平面。如果一个人处于地球的乙位置，就可以看到南方的星体，从乙向丙方向，南方的星体逐渐隐没看不到。反之，从乙向甲方，则星体逐渐出现。如果一个人处于平面的丁位置，就可以同时看到南极和北极的星体，而在戊和己位置也如同南北极一样，星体怎么可能逐渐隐藏或出现呢？因此，地球圆形的属性是可以证明的。

图

北極

亞美利加國

大西洋

北太平洋

東洋

大西洋

南太平洋

赤道

南極

地球圖

选自《中西关系略论》 [美]林乐知　收藏于澳大利亚国家图书馆

地

北極

南極

北冰洋

南冰洋

大東洋

大西洋

印度洋

亞非利加

沙漠

中國

印度國

英國印度國

緬甸

琉球

地中海

及埃

澳大利亞國

輪船航路

電報同路

亞刺伯海

西小印度洋

夾板

赤道

錫蘭

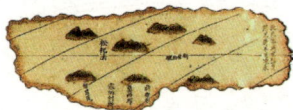

地圆

【原文】

又地周三百六十度，每度二百五十里，其周围实独有九万里。令地为方，四面，其一面应得二万二千五百里，人居一面地平之上，其二万二千五百里之内并宜见之。乃今目力所及，大略能见三百里。即于最高山上，未有能见四五百里者，则地之圆体突起于中，能遮两界故也。地水同为一圆球，以月食之形，可推而明之。夫月食之故，由大地在日月之间，日不能施照于月，故地射影于月面，亦成圆形，则地为圆可知。

【译文】

地球的周长是三百六十度，每度约等于二百五十里，所以地球的周长大约为九万里。假设地球是一个方形，四面均分的话，每面的面积应该是二万二千五百平方里。人居住在其中一面的地平线上，即居住在方圆二万二千五百里之内。在目力所及的范围内，大致能看出三百里。即使站在最高的山上，也没有人能够看到四五百里的距离。这说明地球为圆形，中间的突起遮挡了视线。陆地和海洋同时存在地球上，可以通过月食的形状来推测和证明。月食是由于地球位于太阳和月球之间，太阳无法照射到月球，因此地球的阴影投射在月球表面，这个阴影也是圆形的，由此可知地球是圆的。

【原文】

或言：果大地如圆球，则四旁在下国土洼处之海水，不知何故得以不倾云云。曰：物重者，各有体之重心。此重心者，在重体之中。地中之心，为诸重物各重之本所，物之重心悉欲就之。凡谓下者，必远于天而就地心；凡谓上者，必就天而远于地心。而地之圆球悬于空际，居中无著，常得安然，而四方土物，皆愿降就于地心之本所。东降欲就其心，而遇西就者，不得不止；南降欲就其心，而遇北就者，亦不得不止。凡物之欲就者皆然。故凡相遇之际，皆能相冲相逆，而凝结于地之中心。即不相及者，以欲就故，亦附离不脱，致令大地悬居空际也。

【译文】

有人问：如果地球是一个圆球，那么四面都在下方的海水，国土低洼的海水，因何缘故没有倾洒而去呢？每个物体都有自己的重心，它们各自的重心在物体之中。地球的重心吸引地球上万物，因此各个物体的重心受到地心吸引后都会靠近它。所谓的"下"，必定远离天而靠近地球重心；所谓的"上"，必定靠近天远离地球重心。地球悬空在宇宙之中，不受其他星球的吸引，能够稳定处于它所在的位置，地球上的万事万物，都受到地心重力的吸引。地球的东端受到引力靠近地心而倾斜，地球的西端受到引力也将要倾斜，因此地球东西两端不得不维持一个相对平衡的状态；地球南端受到引力靠近地心而倾斜，地球的北端受到引力也将要倾斜，因此地球南北两端也不得不维持一个相对平衡的状态。凡是事物一端即将靠近地心，就会受到另一端的牵制而维持平衡。因此事物的相对平衡依赖于两者的相互牵制，力量凝结在地心之中。没有相抗衡的事物也受到地心引力的吸引，靠近地心而不至于脱离地球存在，这也是地球稳定悬在宇宙中的原因。

【原文】

丙为地中心，甲乙两分，各为之半球。甲东降就其心，乙西亦降就其心，两半球又各有本体之重心，如丁、如戊。甲东降，必欲令本体之重心丁至丙中心，然后止；乙西降，必欲其本体之重心戊至丙中心，然后止；故两半球相遇于丙中，甲不令乙得东，乙不令甲得西，一冲一逆，力势均平，遂两不进，亦两不退，而悬居空际，安然永奠矣。譬一门焉，二人出入。在外者冲欲开之，在内者逆欲闭之，一冲一逆，为力均平，门必不动。甲乙半球，其理同也。至四方八面，一尘一土，莫不皆然。地道隤然而下凝，职是故耳。

【译文】

地球的中心为丙，甲和乙分别代表地球的两个半球。甲向东倾斜至地球中心，乙向西倾斜至地球中心，每个半球都有自己的重心，如丁和戊。甲向东倾斜，必须使自己的重心丁达到地心丙的位置然后停下来；乙向西倾斜，也必须使自己的重心戊到达地心丙的位置然后停下来。因此，两个半球在地球中心相遇，甲不让乙向东，乙不让甲向西，双方抗衡，力量势均力敌，因此既不前进也不后退，悬浮在空中，安稳永恒。犹如两人在一扇门的里外，在门外的人想推开，在门里的人想关门，两人一开一关力量抗衡，门就会处于相对静止状态。甲、乙两个半球也是同样的道理。地球上的一粒尘土，一块土地，都是如此。地面道路突然倒塌向下落去变得凝实，也是这个原因。

【原文】

地球南北两极，必对天上南北两极，不离天之中心。夫地中心，为诸天之中心，从月食之理而明之。新法《历书》有本论，其地球南北两极，正对天上南北两极而永远不离者，从本极之高度明见之。盖天下万国，从古各有所测，本地南北极之高下，度于今之所测者不异。其不离天极之所以然，在万物变化之功。盖天下各地，万物生长变化之功，皆原太阳及诸星，循四时之序照临而成也。在各国之地平上下高卑若干，因而刚柔燥湿随之，而万物各得其宜耳。今使地之两极，不必其为向天上之两极，而离之或于上下，或于左右，则是天下万国必随之而纷扰动摇。将原在乎赤道之北者，忽易而为赤道之南；赤道之南者，忽易而为赤道之北；近者变远，远者变近；夏之热，忽变乎冬之寒。则四序颠倒，生长变化之功，因之大乱，而万物灭绝矣。审乎此，则地之南北两极，恒向乎天之两极，亘万古而不移也，夫何惑焉！即使地有偶然之变，因动而离于极，则地亦必即自具转动之能，以复归于本极，与元所向天上南北之两极焉。夫地自具转动之力，与吸铁石之力无二。吸铁石之力无他，即向南北两极之力也。盖吸铁石原为地内纯土之类，故其本性之气，与大地本性之气无异。所谓纯土者，即四元行之一行，并无他行以杂之也。夫地上之浅土、杂土，为日月诸星所照临，以为五谷、百果、草木，万汇化育之功。纯土，则在地之至深，如山之中央、如石铁等矿是也。审此，则夫地球之全体，相为葆合，盖有脉络以联贯于其间焉。

【译文】

地球的南北两极对应于天空的南北两极，不脱离天空的中心。地球的中心是诸多天体的中心，这一点可以从月食现象中得以验证。根据新法《历书》的论述，地球的南北两极正对应于天空的南北两极，永远不会偏离。这一点可以从本地所处的纬度来明显观察到。各国自古以来都有各自的测量方法，对于南北极高度的测量结果与现在测量结果并无差异。之所以地球不会偏离天空的南北两极，是因为万物的变化在其中发挥作用。世界各国，万物的生长演变都是太阳和各星宿按照四季的顺序照射而成。在各国的地平面上，因地形地势高低不同，土地的湿度、硬度随之相应变化，万物得到各自适宜的条件。如果地球的两极不再对应天上的两极，有时在天下两极的下面有时在上面，有时在左面，有时在右面，天下万国随地球的变化动摇。原本在赤道北方的地方突然变为赤道南方，在赤道南方的地方突然变为赤道北方，近的变为远的，远的变为近的，炎热的夏天突然变成寒冷的冬天，四季颠倒，生长变化的规律混乱，那么万物将灭绝。明白了这一点，地球的南北两极一直对应着天上的两极，亘古不变，又有什么可疑惑的呢！即使地球偶然发生变化，偏离极点，地球也具备自转的能力，以恢复到原来对应的极点，这种自转的能力就像吸铁石的力量一样，没有什么不同。吸铁石的力量就像天上南北两极的力量。大概是因为吸铁石原本就出自地下的纯土，它的性质与地球的性质没有差别。所谓纯土，即是指四大元素之一，没有其他元素掺入。地表的浅土和杂土受到日月和各星的照射，主要用作培育五谷、百果、草木，而纯土存在于地球最深处，如山脉的腹地、石矿、铁矿深处等。综观这一切，可以看出地球整体是相互联系、相互交融的，存在一种脉络，将它们有机地连接在一起。

【原文】

尝考天下万国名山，及地内五金矿、大石深矿，其南北陡袤面上，明视每层之脉络，未有不从下至上，而向南北之两极者也。仁等从远西至中夏，历九万里而遥，纵心流览，凡于濒海陡袤之高山，察其南北面之脉络，大概皆向南北两极，其中则另有脉络，与本地所交地平线之斜角，正合本地北极在地平上之斜角，五金石矿等地内深洞之脉络亦然。凡此脉络内，多有吸铁石之气。又尝考天下万国堪舆诸书图，五大洲，凡名山大川，皆互相绵，亘至几千万里之遥，自南而北，逶迤绣错，其列于地者，显而可见也。其内之脉络，蝉联通贯，即何殊乎人身之脉络骨节，纵横通贯，而成其为全体也哉！

【译文】

　　我曾经考察世界各国的名山和地下的金属矿、石矿，它们的南北矿坑切面，仔细观察每一层的脉络都是从下往上延伸，朝向南北两极。我们从遥远的西方到古老的华夏，历经九万里，随处留心观察，发现靠近海岸的高山，无论是南面还是北面的脉络，大致都是朝向南北两极，其中另有一条脉络与本地所处的地平线相交成斜角。这个斜角和本地与北极的连线在地平线所成的角度契合，五金石矿等深洞中的脉络也是如此。在这些脉络之内，通常存在着磁铁。此外，我也研究过世界各国的地理书籍，这些国家的名山大川在大地绵延几千万里，从南向北蜿蜒错综，在地表上的布局清晰可见。这些山川内部的脉络相互连接，正如人体的经脉和骨节纵横交错，构成了它们的整体形态。

《坤舆万国全图》（局部）

[意大利]利玛窦/原作，此为[日]新井白石摹本　收藏于日本东北大学附属图书馆狩
野文库

坤輿萬國全圖

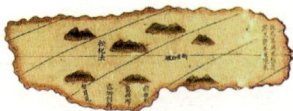

地震

【原文】

　　或问地震曷故？曰：古之论者甚繁，或谓地含生气，自为震动；或谓地体犹舟浮海中，遇风波即动；或谓地体亦有剥朽，乃剥朽者，裂分全体，而坠于内空之地，当坠落时，无不摇动全体，而致声响者；又有谓地内有蛟龙或鳌鱼，转奋而致震也。凡此无稽之言，不足深辩。惟取理之至正者，而姑论其数端，及其性情之自然者如左。

【译文】

　　有人问为什么会发生地震呢？古人对此有很多论述。有人说地球内蕴含生气，自身会产生震动；有人认为地球如同漂浮在海中的舟船，遇到风浪就会晃动；还有人认为地球也会因腐朽而发生剥落，当腐朽的部分断裂并坠落至地内空腔时，会引起整体摇动和声响；还有人认为地下有巨龙或者鳌鱼等生物，它们的转动和追逐也会导致地震发生。所有这些都是毫无根据的言论，不值得深究。只有追求理性的至正之道，然后初步论述其中的各个方面，以及其本性和自然的特征如下。

【原文】

其一，地震者，因内所含热气所致也。盖地外有太阳恒照，内有火气恒燃，则所生热气渐多，而注射于空隙中，是气愈积愈重，不能含纳，势必奋怒欲出，乃猝不得路，则或进或退，旋转郁勃，溃围破裂而出，故致震动，且有声响也。正如火药充实于炮铳内，火一燃，而冲突奋裂，乃必破诸阻碍，而发大响也。或疑气似不能动地，须知气之力坚猛莫御，试观夫风，初亦莫非微气所发，积而至于走石、拔树、颓屋、覆舟。夫气之困郁于地，其奋发必力，奋而震摇乎地体，理之自然者也。何足异哉？欲证其所由然，则有二端可以明之：一、震之时。率在春秋之月，盖因此二时，气最易生也；一、震之所。必在土理疏燥及多空窟之地，以其易容多气。故山崩之处，内多洞穴者，其震犹更密也。若地有空窍向天，而可以嘘散所蕴之气者，则终不致震耳。又海中之岛，亦多震者，因外围之海水，与内所含之硝磺，多致生热气，热气既炽，必发震也。所以本土之人，每多掘井，欲其气透而易散，以免地震故也。

【译文】

首先，地震是由地球内部所含的热气引起的。因为地球外部有太阳持续的照射，内部有不断燃烧的火气，所产生的热气逐渐增多，扩散到地内的空隙中。这些气体越积越多，无法容纳，势必膨胀喷发，但一时之间找不到出路，于是有的前进有的后退，激烈旋转，突破阻碍而爆发，导致地震发生，同时伴有声响。就像火药充填在火炮内一样，一旦点燃就会激烈冲突并爆裂，必然打破所有阻碍并产生巨大的声响。或许有人质疑气体似乎不能动摇地球，但必须知道，气体的力量是剧烈且难以阻挡的，试看风，起初也是由微小气流引起的，逐渐积聚后能够吹走石块、拔起树木、摧垮房屋、掀翻船只。当气体困压在地下时，其释放必然会使地球体力量激荡而震动，这是自然的规律，何足为奇呢？如果想证明其产生的原因，有两个方面可以佐证。首先，地震往往发生在春秋两个季节，因为这两个季节气温变化最为剧烈，气体最容易产生。其次，地震往往发生在土壤疏松、干燥并有许多空洞的地方，因为这些地方更容易容纳气体。因此，在山崩的地方，内部多为洞穴，地震现象更为频繁。如果地下有通向天空的空洞，并能让积聚的气体散发出去，就不会发生地震。此外，海中的岛屿也经常发生地震，因为周围海水与岛屿内部含有的硝磺相互作用，产生大量热气，一旦热气鼎盛，必然引发地震。因此，内陆居民常常挖井，以便透气并让气体散发出去，避免地震的发生。

【原文】

大凡地震之或先或后，必久属亢旱，或并多风肆暴而致。总之气之为烈耳。其气为烈之故，而有三焉。其一，凡地内之有空洞，气既充盈，而又生新气以增益之，势难并容，不胜其郁勃，而奋力求出，故致震撼也。其二，凡地被寒气侵阆，必自收缩，乃致其内所含热气自为流遁，而遂乱相冲击其地也。其三，地内所藏热气，一被外之冷气侵阆，则必退而敛约，敛约愈极，其力愈长，而质愈稀清；愈稀清，亦愈欲舒放而得广所，斯乃摇动触震地体也。

【译文】

几乎所有发生的地震，都是由于持续干旱、多强烈大风的天气导致的，总的来说，是由于地内所含气体剧烈活动导致。其原因有三个。首先，地下存在空洞，气体充满其中，新的气体不断增加，难以同时容纳，无法承受气体在空洞内的激烈碰撞，于是奋力寻找出口，引发震动。其次，当地球受到低温的侵袭时，会收缩，导致地下所含热气自行流动，流动的气体相互冲撞从而导致冲击地表产生震动。最后，地下所蕴藏的热气一旦受到外界寒冷气体的侵袭，就会退缩并凝聚，收缩聚集越严重，其力量越强大，质地越稀薄；质地越稀薄，也越需要释放到更广阔的空间中，于是摇动并触发地壳震动。

【原文】

夫震之久暂，首系气势，凡气之厚且多者缓消，薄与寡者速散。次系地势，凡地之疏软者易开，密且硬者难出，因其久为冲奋，或连或断，而复续，竟致久动矣。其实一动，非能久也，凡致地震之烈气，积在地内，不过数十百丈之深，则遇低洼之处，如江海山谷等，易出而散，因而震动，不越一郡县，或一山谷之地而止。若猛烈之气藏于地内，至数十百里之深，则既难发泄，必致四面冲奋，寻其所出之路，因而震数省之地，致数千里之远也。

【译文】

地震的持续时长首先取决于气势。凡是聚集的气体厚且多的地震持续时间长，气体稀薄且少的地震持续时间短。其次取决于地势，地质疏松土质松软的地表容易裂开，而密实且坚硬的地壳难以破裂。由于长时间的冲击和动荡，地壳可能连续或间断地震动，最终导致长时间的地震活动。实际上，一次震动无法持续很久，当产生剧烈地震的气体在地下积聚时，最多只能深入几十到几百丈，如果遇到低洼地区，如江河、海洋和山谷等地，容易散出，因此震动不会超过一个郡县或山谷的距离。然而，如果剧烈的气体储存在几十到几百里深的地下，由于难以释放，会四面冲击并寻找出口，这种情况引发的地震，几个省份都能感觉到，地震甚至波及数千里的范围。

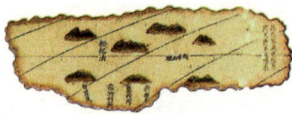

山岳

【原文】

先圣论地初受造时甚圆，无深浅高卑之殊，惟水遍围其面而已。但造物者，将居民、物于地面，则开取渊坎，令水归之。致露乾土，即以所取之土，致成山岳陵阜之类。试观海涯，无不倚山陵之足，江河多峡于阜岭之中，大约高山多近深谷，可以验其原生之意也。然造成后，又有变迁。盖诸国典籍所记，高岸为谷，深谷为陵。古所未有者，或新发而始见，是乃地震所致，或风力、或水势所成也。若究其山生之为者，不但饰地之观，竖地之骨，直于人物有多益焉。盖或以毓五金，或以捍四海，或以涌溪泽，或以茂林丛，或以蔽风雪，或以障荫翳，或以界封疆，或以御寇盗，或以辟飞走之圃，或以广藏修之居，无算妙用。则造物之原旨，以全夫寰宇之美，而备生民之须耳。今摘天下各国有名高山里数，开列于左：

【译文】

古代圣人认为，地球在初始形成时非常圆整，没有深浅高低的差异，只是被水所环绕。然而，造物主为了供人类和其他生物居住，开凿了沟谷和洼地，使水归集其中。因此，干燥的土地露出，挖取的土壤堆积成山峰和丘陵等地貌。观察海岸，无不依赖于山峰和丘陵的支撑，江河多穿越丘陵和山岭之间的峡谷，据此可以验证其原始形成。然而，在形成之后，地貌又会发生变迁。因为各国典籍中记载，有的地方高地变为低谷，深谷变为丘陵。有些地貌是古代未曾有过的，有些是新近形成并首次出现的，这是由地震、风力或水流冲击所引起的。如果深究山脉的形成原因，它不仅仅是为了美化地貌，还为了支撑地球的结构，对人类有着多种益处。有时它们蕴藏丰富的金，有时是为了抵御海洋的侵袭，有时是为了溪流湖泽涌出山涧，有时是为茂密的森林提供处所，有时是为了遮蔽风雪，有时是为了提供遮荫和保护，有时是为了划定封疆，有时是为了防御敌寇盗匪，有时是为了开辟奔驰的场所，有时是为了提供广阔的居所和修行之地，用途繁多。因此，造物主的初衷是为了让地球之貌更加完备，满足人类的需求。现在把世界各国著名高山的高度列在左边①：

【注释】

① 左边：古人从右往左竖排书写。

【原文】

厄勒齐亚国，厄莫山，高十三里一百九十二丈。
西齐理亚国，昼夜喷火之山，名厄得纳，高十三里一百五十六丈。
西洋德纳里法岛，必个山，高二十一里二百一十四丈。
厄勒齐亚国，亚多山，高二十四里一百零四丈。
意大里亚国，呀尔伯山，高二十七里一百六十八丈。
诺尔物西亚国山，高三十里零二十丈。
亚墨尼加洲，伯纳黑山，高五十五里一百二十丈。
莫斯哥未亚国，里弗依山，高八十三里零七十二丈。
亚细亚洲，高架所山，高一百三十一里二百零四丈。

【译文】

　　厄勒齐亚国的厄莫山，高度为十三里一百九十二丈。

　　西齐理亚国的厄得纳山，昼夜不断地喷发火焰，高度为十三里一百五十六丈。

　　西洋德纳里法岛的必个山，高度为二十一里二百一十四丈。

　　厄勒齐亚国的亚多山，高度为二十四里一百零四丈。

　　意大里亚国的呀尔伯山，高度为二十七里一百六十八丈。

　　诺尔物西亚国的山，高度为三十里零二十丈。

　　亚墨尼加洲的伯纳黑山，高度为五十五里一百二十丈。

　　莫斯哥未亚国的里弗依山，高度为八十三里零七十二丈。

　　亚细亚洲的高架所山，高度为一百三十一里二百零四丈。

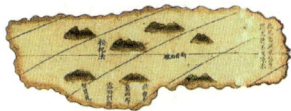

海水之动

海水自然之动，止有其一，即下动也。凡外动为强，则非自然可知矣。其强动甚多。其一，外风所发。风既不一，动亦不一。其二，自东而西。凡从欧逻巴，航海西向而行，则顺而速；东向而行，则逆而迟。此动非特大海，又于地中海可见其所以然，从太阳自西而东行以生焉。其三，自北而南。凡航海者，从北向南，必顺而速；从南而北，必逆而迟。夏月行北海者，常见冰块之广大，如城、如海岛，曾有见长三百余里者，从北而南流。其所以然者，北极相近之海大寒，此季中多云雨，多冰雪；与赤道相近之海大热，每日海水之气甚多，被日薰蒸，冲上空际。盖南海之势处卑，北海之势处高，故水北而南流也。

【译文】

海水的自然运动只有一种，即向下流动。凡是外部运动表现出强烈的特征，则不是单凭自然规律可以理解的了。其中剧烈的运动有三种。第一种是由外部的风所引起。风的方向不一，运动也就不一样。第二种是自东向西的流动。当航行在欧洲与利比亚之间的海域时，往西航行则顺风而迅速；往东航行则逆风而缓慢。这种运动不仅在大海上可见，在地中海中也可以观察到。这种运动大概源于太阳自西向东的运行轨迹。第三种是自北向南的流动。航行者若从北向南航行，会顺风而快速；若从南向北航行，则逆风而较慢。在夏季，航行北海的人常常看到巨大如城堡、海岛般的冰山。有时甚至可以见到长达三百多里的冰块从北向南漂流。原因是北极附近的海域寒冷，常年多云雨，冰雪较多；而靠近赤道的海域炎热，每日海水被大量蒸发，被太阳烘烤，向上冲入高空。南海因海水蒸发海平面较低，北海海平面较高，所以水流自北向南。

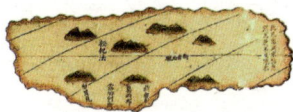

海之潮汐

【原文】

潮汐各方不同，地中海迤北、迤西，或悉无之，或微而难辨；迤南、迤东，则有而大。至于大沧海中，则随处皆可见也。第大小、速迟、长短，各处又不同。近岸见大，离岸愈远，潮愈微矣。

【译文】

潮汐在各地方的表现不同，地中海北部和西部的潮汐微弱，有时甚至没有潮汐；而南部和东部则潮汐明显很大。在大洋中，无论何处都可以看到潮汐现象。潮汐的大小、速度、长短在各地也不同。靠近海岸可见到较大的潮汐，离岸越远，潮汐越微弱。

【原文】

地中海潮水极微，又吕宋国、莫路加等处，不遇长二三尺。若其他，如大西拂兰第亚国，潮水长至一丈五尺，亦有一丈八尺，至二丈之处。安理亚国隆第诺府现长至三丈，其国之他处，长至五六丈。阿利亚国，近满直府长至七丈，近圣玛诺府间长至九丈。此各方海潮不同之故，由海滨地有崇卑直曲之势，海底、海内之洞，有多寡大小故也。况月之照海，各方不同，则其所成功，亦不能同。其长退之度，或每以三候，或长以四候，或其长极速，即骑驰犹难猝脱。则一候候淹覆四百余里，而又一候，候归本所。又始起长之时亦不同，大暨每日迟约三刻，朔望所长更大。尝推其故，而有得于古昔之所论者，则以海潮由月轮随宗动天之运也。古今多宗之，其正验有多端：

一曰：潮长与退之异势，多随月显隐盈亏之势。盖月之带运，一昼夜一周天。其周可分四分，自东方至午，自午至西，自西至子，复自子至东。而潮一昼夜概发二次，月在卯位潮起，午位潮满，酉位潮退止，而复起子位，潮又满，次日卯位，潮退止而复起，若随处、随时，或略有不同，是不足为论，别有其所以然也。

二曰：月与日相会相对，有近远之异势，亦使潮之势或殊。假如望时月盈，即潮大，月渐亏而潮渐小。

三曰：潮之发长，每日迟三刻，必由于月每日多用三刻，以成一周，而返原所。盖月之本动，从西而东，一日约行十三度，从宗动天之带动，自东而西，必以一日零三刻，方可以补其所逆行之路，而全一周也。

四曰：冬时之月，多强于夏时之月，故冬潮概烈于夏潮。

五曰：凡物属阴者，概以月为主，则海潮既由湿气之甚，无不听月所主持矣。即月所以主持海潮者，非惟光也。盖晦朔时，月之下面无光，至与吾对足之地，亦无光。海当是时，犹然发潮不息。则知月尚有他能力。所谓隐德者，乃可通远而成功矣。盖海水海底多蕴育浓热之气，大概与硫磺、硝等同情力者。其气被月之隐德感动，有时潮发，有时潮息。如疟疾者，虽闭户静室中，月星照不到，然其身之气，仍被月星感动，时而疟发，时而疟息然。

【译文】

地中海的潮汐非常微弱，吕宋国、莫路加等地几乎没有，有也仅长两三尺。然而其他地方如大西拂兰第亚国，潮汐可达一丈五尺，甚至有一丈八尺至二丈的地方。安理亚国的隆第诺府现潮汐可长达三丈，该国其他地方可长达五六丈。阿利亚国靠近满直府的地方潮汐可长至七丈，靠近圣玛诺府的地方可长至九丈。各地海潮不同是由于海滨地形的高低起伏和海底洞穴的大小、数量不同所致。此外，月亮照射海洋的方式在各地也不同，因此潮汐的表现也不相同。涨潮和退潮，有的地方每三个时辰一变，有的地方每四个时辰一变。有些地方潮汐的变化非常快速，就像脱缰的野马。有时一个时辰会迅速覆盖四百多里的距离，然后又在下一个时辰迅速退去，回到原来的状态。潮汐的起始时间也不同，大致每天延迟约三刻钟，农历初一、十五时的潮汐变化更大。我们尝试推测其原因，并从古代的论述中找到一些证据，认为潮汐是由于月亮随着天体运行而引起的。古今多有这种观点。其正确的验证有多个方面：

第一，潮汐的升高和退去的不同趋势，多与月亮的明暗盈亏趋势相一致。因为月亮的运行周期是一天一夜一周天，运行分为四个阶段：从东方到正午，从正午到西方，从西方到子午，再从子午到东方。一天一夜大概涨潮两次，月亮在卯位置时，潮水涨起，至于午位而潮水最大，酉位潮水开始停止、后退；但在子位又开始涨起，潮水又到最多，第二天卯位，潮水退止，如此，到潮水再次复起。虽然不同地方、不同时间略有差异，但这不能成为论证的依据，必定有其原因。

第二，月亮与太阳相遇时，它们的相对位置有近有远，这也导致潮汐的势力有时不同。例如，在农历十五时，月亮盈满时潮汐较大，而随着月亏，潮汐也逐渐减小。

第三，潮汐的发生每天延迟三刻钟，这是因为月亮每天多运动三刻钟，以完成一周的周期，然后回到原来的位置重新开始。月亮本身的运动是从西向东，大约一天前进十三度，但由于受到天体引力的影响，它需要额外的三刻钟来补偿受天体引力影响的路程，以完成整个周期。

第四，冬季的月亮对潮汐的影响通常比夏季的月亮更强，因此冬季潮汐比夏季潮汐更为猛烈。

第五，凡是属于阴性的事物，通常以月亮为主导，因海潮受湿气的影响最重，所以海潮都受月亮主导。月亮主导海潮的能力不仅仅是因为月光的作用。事实上，月初与月末时，没有月亮，与我们相对的地球另一侧也没有月亮，但海潮仍然持续发生。这表明月亮还具有其他的能力，这就是所谓的隐德，可以远距离地传达影响力。大概海底蕴藏有很多浓热的气体，其作用性质与硫磺、硝等相近。这些气被月球感应，所以大海才会涨潮退潮。就如同疟疾这种病，即使处在关上门窗的室内，月亮和星辰照耀不到，但这个人的身体气息还是会被月亮星辰影响，有时疟疾发作，有时疟疾安止。

【原文】

或问海水潮汐向用为何？曰：一则以免腐朽之患，盖水不动必朽腐。然腐朽之水汽，被太阳蒸升，变为浓云，为风所拂带至内地，多生瘟疾，人畜必死。一则以情外聚之垢，盖地上丕恶之积，由江河而归于海，乃潮长复发吐之也；一则以辅航漂渡之事，盖潮长，则从海易就岸，潮退则从岸易入海。观此则海潮之益不浅矣，造物主岂无意乎！问：海水之咸曷故？曰：多由于干湿二气之渗。证曰：凡滋味必从二气之杂，乃干而甚燥，必生咸。如灰、溺、汗等是也。则海既含多气，或风从外至，或曰从内生，故其水不能不咸也。试用海水灌物，必温和干燥，较诸他水为浊。其沾濡如油，何也？其含土之干气故也。又试观海水或流沙内，或被火蒸必甘，何也？失土气之大分故也。又试取浮薄空器，塞口沉于海中，其内所浸入之水必甘，因水从微孔入，少带土气故也。又从海气聚结之雨必甘，何也？气上时，其土之浊，多坠失故也。观此多端，海水之咸，从土极干燋之气而生也明矣。虽然，太阳之亢炎，亦能致咸。验之海面之水，咸甚于海底者，近受日晕之射，而底之水，日光不及故也。又试之夏月海水，多咸于冬月，盖日轨甚近之所使然矣。又海底多有盐脉，贯通各处。盐之本性，见水即化。今海水涮流，恒染盐味。此海水之咸，所由来第一根源也。另有本论。

【译文】

有人问："潮汐的作用是什么？"我们对此回答："首先为了避免水体长时间滞留而变死水。因为水长久不流动必定会变坏。这些坏水受太阳照射，蒸腾到空中，升空成浓云，被风吹拂到内地，多半引发瘟疫，人与牲畜会死去。其次是为了清洁入河海水带来的污垢，这些污垢由江河流入大海后，潮汐的涨落就是将其再次排出。第三是为了辅助航行和渡河。潮汐涨起时航船容易接近岸边，潮汐退去时便于船只进入海中。通过观察这些，可以看出海潮的好处不容忽视，如果海潮的存在没有意义，造物主是不会创造海潮的！"又有人问："海水为什么咸呢？"对此我们的回答是："主要是由于干燥和湿润两种气体的渗透。此论断是这样证明的：所有滋味都是由两种气体混合而成，如果混合的两种气体都干，混合后必然更干燥，必然产生咸味，比如灰、尿、汗等。既然海水含有多种气体，有时风从外面吹入，有时从内部产生，所以水就会不可避免地变咸。试着用海水洗东西，会发现它温和而干燥，相对于其他水来说更浑浊。为什么海水会像油一样呢？那是因为它含有土壤中的干燥气体。再试着观察海水或流经沙地，或经火蒸发后会变得甘甜，那是因为土壤中的干燥气体大部分已经散失。再拿一个能浮起来的空瓶，将口塞住沉入海中，已进入空瓶内的海水是甘甜的，这是因为水通过瓶口微小的孔隙进入，几乎没有带土壤中的气体。此外，海上水汽上升聚集成云下的雨是甜的，为什么呢？这是因为水汽上升会使空气中大部分微尘沉降。通过多方面观察，海水的咸味主要是由于土壤中极度干燥的气体产生的。当然，太阳的强烈照射也能导致咸味。海面上的水咸度比海底更高，这是因为接受到日光辐射的影响较近，而海底的水则接收不到阳光。另外，在夏季海水比冬季更咸，这是因为夏天时太阳运行轨道更近。"另外海底有很多盐脉，贯通在各个地方。盐的本性就是见水即化。如今海水涮流，经常沾染了盐的味道。这就是海水有咸味的第一根源。另外还有一种说法。

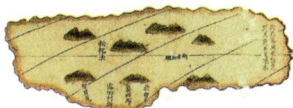

江河

【原文】

夫地内多藏积水。常见凿矿者，多遇池渎及速流之涧。又随处掘井者，或浅或深，无不得水之源。又观干地屡开窍发水，而或成湖淀，或淹房屋、人物也。因知地中非函大积之水，定无是事也。又造物者初收水于深渊时，遗多分于地内。又随处开辟匿空隐渠，以遍运润泽之恩。正如人体内多备脉络筋骨，以运血气之润泽也。

【译文】

地层下面有很多积水。经常挖掘矿井的人常会遇到水池和快速流动的水流。此外，挖井时无论是深还是浅，都能找到水源。还可以观察到干燥的地面多次出现水源，有的形成湖水，有的淹没房屋和人物。由此可知，地下若非积聚大量的水，是不会出现这种情况的。另外，造物主在最初将水放入深渊时，将其分布到地下。还有到处开辟暗渠（地下河），以实现水的循环和滋润。这就像人体内有丰富的血管和筋骨系统，以此来使得血液得以运输到全身各处。

【原文】

　　盖地原本至干，非得水之润，自难凝结。又不能养育卉木、金石之类，济救人物之用。因知天地造成之初，地面即多发众川江湖，以备后用。夫江河溪泉，多由于海水。证以四端：一曰天下江川，日日入海而不溢者，必有他出；若无出而不溢，极难解矣。二曰江河之洪大者，非源于海，更无此大源矣。盖地内从气所变之水，万不足供大江之常流也。三曰从古尝有江湖泉川新出，其味如海之咸，其鱼亦如海内之形，则江河非由于海而何？四曰凡近海之地，必多泉川，愈远于海者，其川亦愈寡矣。又江河虽多从海而出，但泉川亦有从气变生者，盖地中所藏多气，既不能出外，又被围山之冷攻之，因渐变焕而滴流，致成泉溪之永源。试观最高之山，大都有永泉，甚甘甚冽，然海水或相去甚远，其地或甚低，其水又浊且咸，又何能致甘冽乎？又观人屋近于山麓，闭其户牖，必多湿而发水，何也？其内藏之气，易变水也，矧山穴之内乎？又入山中诸洞等旁，多滴水成水渚，乃溪涧之永源备矣。

【译文】

　　实际上，地表最初非常干燥，没有水的滋润就难以将土地凝聚。它也无法孕育植物、金属和石头等物质，无法满足人们对物质的需求。因此，我们知道在天地创造之初，地面就形成了许多河流和湖泊，以备将来使用。江河和泉水很大程度上来自海水。这可以从以下四个方面得到证实：第一，天下的江河日夜注入海洋而没有溢出，海洋之水的流向必定有其他出口；如果没有其他出口而也没有溢出，这将非常难以解释。第二，大流量江河的水源若不是来源于海洋，就没有更大的源头了。地下由气变成的水，远远不足以供应大江的持续流量。第三，历史上常有新的江湖泉水涌现，它们的味道像海水一样咸，鱼类也像海洋中鱼的形状，这难道不说明江河是源于海洋吗？第四，靠近海洋的地方一定有许多泉水和河流，而远离海洋的地方，河流也较少。此外，尽管江河大多数源于海洋，但泉水和河流也有由气变化生成的情况，因为地下蓄积大量气体，既无法排出，又受到周围山脉的冷气攻击，渐渐地变成滴水流淌，形成泉水和小溪的源头。观察最高的山峰，大多都有永久的泉水，非常甘美又冰冷，然而海水可能相距很远，地势可能很低，水质也混浊且咸，又怎么产生甘甜冰冷的水源呢？再者，观察靠近山脚的房屋，如果关闭门窗，必然会潮湿，这是因为内部蓄积的气体容易变成水，更不用说山洞内部了。另外，进入山中的洞穴，周围多有滴水形成细流，已成为山间溪流的来源。

【原文】

或问海卑地崇，水何能逆本性上流于地面乎？曰：海水所由之匿空隐渠，必曲非直，乃水因潮长时，强入其内，不能复退，惟有渐进，势不得不上涌矣。况星辰之隐德，必招摄海水，以滋万物，而土为极干，又招水以自慰其渴，因济外物之须。则水之上流也，观其私性为逆；观众物之公性，则不为逆也。正如凡遇空时，水土必上，火气必下，而是上下之动者，论各元行之性为逆，论众物之性不逆是也。

【译文】

有人问，海洋地势低，陆地地势高，水怎么可能逆流到地面呢？对此我们回答：海水通过隐藏的弯曲管道，经过曲折的路径才能进入其中，一旦潮汐强劲地涌入其中，便无法退回，只能逐渐上涌。况且星辰的隐藏力量必然吸引海水，以滋养万物，而土地非常干燥，又需要水来滋润以缓解其干渴，同时用来满足滋润外物的需要。因此，从其个体性质来看，水的上涌是逆向，从群体的公共性质来看，它并非是逆向的。正如在遇到空洞时，水和土壤必然是向上涌，而火和气体则下降，这是根据它们各自的元素性质而言是逆向的，从群体的性质来看，并非逆反。

天下名河

亚细亚洲

【原文】

　　黄河，元朝图史载，黄河本东北流，历西蕃，至兰州，凡四千五百余里，始入中国。又东北流过夷境，凡二千五百余里，始转河东，又南流至蒲州，凡一千八百余里。通计屈曲九千余里。

　　欧拂辣得河，长六千里，其流入海口处，阔四十八里。

　　安日得河，长四千八百里，阔约五里，深十丈余。分七岔入海，及水产金沙。

　　阿被河，长七千二百里。此河开冻时，有大冰如山岳，冲击树木，排至两岸，旁溢一千二百里，土人迁移入山避之。

　　印度河，长四千里，入海口处阔一百六十里。

【译文】

　　据元朝地图记载，黄河原本是由东向北流经西番地区，到达兰州，全程约四千五百里，才流入中国境内。然后向东北流经夷境，约两千五百里后转向河东。再向南流至蒲州，全程约一千八百里。综合计算曲折弯曲的长度约九千余里。

　　欧拂辣得河长六千里，在其入海口处海面宽四十八里。

安日得河长四千八百里，宽约五里，深十丈余。分为七个支流注入海洋，水中含有金沙。

阿被河长七千二百里。当这条河的冰融化时，冰块如山一般巨大，冲击着树木，河水将其推到河岸两旁，溢出河岸一千二百里，当地人迁移到山中躲避。

印度河长四千里，入海口处宽一百六十里。

欧逻巴洲

【原文】

大乃河，长二千四百八十里，分三岔入墨阿的湖。

窝耳加河，长一千六百里，分七十二流入海。

达乃河，长四千八百里，入大海。

多恼河，长三千六百里，分七岔入海。其河有桥，长一十一里，高十五丈。

【译文】

欧逻巴洲的大乃河长二千四百八十里。分为三个支流注入墨阿的湖。

窝耳加河长一千六百里，分为七十二个支流注入海洋。

达乃河长四千八百里，注入大海。

多恼河长三千六百里，分为七个支流注入海洋。该河上有一座长十一里、高十五丈的桥梁。

利未亚洲

【原文】

泥琭河，长八千八百里，分七流入海，产葛尔各第罗蛇及海马。

黑河，地内藏其水道，至二百四十里远有余。

【译文】

泥琭河长八千八百里，分为七个支流注入海洋，河水中出产葛尔各第罗蛇和海马。

黑河的水道隐藏在地下，长达两百四十余里。

北亚墨利加洲

【原文】

加纳大河，海潮入此河。至一千六百里，流入海口处阔二百四十里。

【译文】

加纳大河，海潮能够涌入该河。它在北亚墨利加的土地上蜿蜒一千六百里，海口处河面宽二百四十里。

南亚墨利加洲

【原文】

圣玛得勒纳河，长三千六百里。

巴里亚河，深十五丈，入海口处河面阔四百四十余里。

雅玛琐农江，长一万余里，阔八十四里，深不可测。入海口处阔
三百三十六里，其水势悍急，直射海水，至三百二十余里皆甜水。其
两岸绵亘，有一百三十余国，语言、风俗俱不同。

【译文】

圣玛得勒纳河长三千六百里。

巴里亚河深十五丈，入海口处河面宽四百四十余里。

雅玛琐农江，长一万余里，宽八十四里，深不可测。入海口处河面宽
三百三十六里，水势汹涌激烈，直接冲击海水，有三百二十余里都是淡水。
河两岸有一百三十余个国家，语言和风俗各不相同。

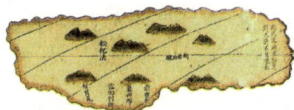

气行

　　古或以气无色，不属五外司，疑为无有。此说大谬。可证者有六。一曰：无气则天内空矣，地何以悬空而得居于中？万物何以得生？日月星辰何以得外光？或以隐德养育万生乎？盖物惟联统，庶得相济相保，空虚是所大忌避也。二曰：禽鸟无所赖，则不能飞，飞者以翼御气，如人用手御水而得浮也。三曰：风寂时，人急趋走，则前面若有物触之者然，是非气而何？四曰：人向空中挥鞭，定有声响，凡弹射皆然。夫声从二物相击而生，若空中非有气，必无他物以生声矣。五曰：一室之中，两门相对，开闭此一门，则彼一门亦动。又人在室中急行，其窗之纸及诸系悬之轻物亦动，非由气而何？六曰：室中寂静无风，见隙影内尘埃，滚滚上下，所谓野马者，何也？必气使之然矣。数端不足证有气乎！至其变幻莫测，则因小大应感之不伦耳，非难明也。

【译文】

　　古代有人说气无色，不属于五行，怀疑其不存在。这种说法大错特错。有六个方面可以证明：第一，无气那么天空就会是虚空，地又如何悬浮而存在于其中？万物又是如何生存？太阳、月亮、星辰又如何获得外界光？或者说是通过"隐德"来滋养万物吗？事实上，万物只有相互联系和相互依存才能互相帮助和保护，空虚是万物相互依存的大忌。第二，禽鸟若没有气的支持，就无法飞行。它们飞行是依靠翅膀驱动气流，就像人用手掌拨动水而浮起一样。第三，风静时，如果人急于奔跑，前方会感触到有物体触碰，不是气体，那又是什么呢？第四，人向空中挥动鞭子会产生声响，类似的情况还有弹射等。声音是由两个物体相互碰撞发出，如果空中没有气体，就不会有物体产生声音。第五，一个房间中相对的两扇门，打开或关闭一扇门，另一扇门也会移动。另外，人在房间里快速行走时，窗纸和其他悬挂的轻物也会动，这不是由气体引起的又是什么呢？第六，房间中寂静无风，可以看到门缝中灰尘纷纷上下飘动，就像是野马奔腾产生的尘埃是什么引起的呢？必然是气体使其如此。这些例证难道不足以证明气体的存在吗？至于气体的变幻莫测，是因为大小不同所引起的感触是不一致的，这并不难理解。

【原文】

气惟实有，而万不可无。一则以资喘息之功；一则以运天光物像，及人物声音之迹；一则以存火、水等类之性。盖气一缺，则人物之呼吸遂辍，而内心火及其生机并灭。又上天所射之光，形物所发之像，诸体所出之声，无所凭据，无由至于所当至，而资存其所包含内物之体也。若言气无色体可见，遂谓之无，则彼风声、臭味及鬼神、人物之魂，诸不属人目者，悉当谓之无乎？夫外目所不及者，有理之内目可及也。

【译文】

气是实实在在存在的，而万物不能没有它。首先，它有助于呼吸。其次，它能够透视天空中的光线、物体的形象以及让人物的声音存在于世间。再者，它维持了火、水等物质的特性。一旦气缺乏，人和万物的呼吸就会停止，心跳及所有的生命体征也会消失。而上天的光线、物体所散发的形体，以及各种声音，就没有了使它们存在的途径，也没有了包裹其内核的物质外壳。如果说气没有具体的形体可见，就说它不存在，那么风的声音、臭味以及鬼神、人物的灵魂，所有人肉眼无法看到的事物都应该被认为是不存在吗？人的眼睛所无法察觉的事物，一般意义而言可以通过其他方式来观察。

【原文】

　　夫气厚，分有上中下三域。上域近火，近火常热；下域近水土，水土常为太阳所射，足以发暖，故气亦暖；中域上远于天，下远于地，则寒。各域之界，由何而分？以绝高山为界，上为上域，风雨所不至，气甚清，人物难居。下为中域，雨雪所结。自此以下，为下域矣。第其寒暖之分处，又有厚薄不等。若南北二极之下，因远太阳，则上下暖处薄，中寒处厚。若赤道之下，因近太阳，则上下暖处厚，中寒处薄。以是知气域之不齐也。

【译文】

　　气分为上、中、下三个领域，上域靠近火，因为接近火温度高；下域靠近水和土地，而水和土地又常受太阳照射，所以水和土地是温暖的，这样靠近水和土地的气也是温暖的；中域远离上域的天空和下域的土地，所以较为寒冷。各个领域的界限是如何划分的呢？以高山山巅作为分界线，上面是上域，不受风雨侵扰，气是非常清净，不适宜人和动物居住。下面是中域，有雨雪等天气变化。从这里以下，就是下域。而在寒暖的划分上，还存在着气分布厚薄不均的情况。在南北两极下方，由于远离太阳，所以上下暖的地方气体较薄，中间寒冷的地方气体较厚。而在赤道以下，由于靠近太阳，所以上下暖的地方气体较厚，中间寒冷的地方较薄。由此可见，气的分布并不均衡。

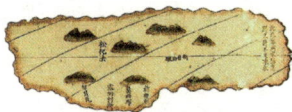

风

【原文】

夫风之本质，乃地所发干热之气。有多端可证。一、试春秋时多风，何也？是时空际多聚干热之气。二、晓晨时多风，何也？日出而升，必摄多气。三、雪化时多风，何也？雪内多有干气。是气将分别于冷湿，故生风。四、空际忽见火色，知后必有风，何也？火者，干热之气所致也。五、风愈大而物愈燥，何也？风之元质干热故也。由是可知空际之气虽动时或生风，亦能如风之清凉人物，然其实与风不同，则风之元质多属干气，而干气中或亦有湿气参之，故春时之风与海上之风多致物朽，可以为验。

【译文】

风的本质是地面发出的干燥热气。有很多证据可以证明这一点。第一，春秋季节多风，原因是空气中聚集大量的干燥热气。第二，清晨时多风，是因为太阳升起时吸收大量气体。第三，雪融化时多风，是因为雪中含有大量的干燥气体。由于这些气体要与寒湿气分离，所以产生风。第四，天空中突然出现火光，之后会有风，因为火是由干燥热气产生。第五，风越大，物体越干燥，这是因为风的本质是干燥热气。由此可知，虽然空气在运动，有时会产生风，也能像风一样让人们感到凉爽，但实际上与风并不相同。风的本质多属于干燥气体，而干燥气体中有时也夹杂着湿气。因此，春天的风和海上的风多会导致物体腐朽，这可以作为验证。

【原文】

大海中黄道之下，恒有东风，故船往西行者，必宜顺风，则行而疾；如东行则逆风而迟。盖太阳从冬至迄夏至，轮转恒行黄道下，而其爆暖，不绝照于空际正对之气，令之冲上，然其故恒随太阳从东而西，则东边之风气，必后随之，而恒补前气之缺矣。大海之水亦然，恒随太阳从东而西。盖太阳西行，无一息之停，以其爆热恒照，而吸西海之水汽，令之上冲而成云雾。因而在西之水面，比在东之水面恒卑。盖东高西卑，则海水从东而西流，以补其缺，此自然之理也。

【译文】

海洋黄道的位置常常有东风，因此船只向西航行的话，顺风而行会更快；如果向东航行，逆风会使船只行进缓慢。因为从冬至一直到夏至，太阳一直是沿着黄道运行，由于炙热的太阳光不断照射空气，导致气体受热上升，又由于空气从东到西一直追随着太阳，因此东边的风气必然在后随之，不断补充前方缺失的气体。海水也是如此，它也随着太阳从东向西流动。因为太阳向西行进，没有停歇，由于炙热的阳光不断照射，吸收了海洋西面水汽，使其上升形成云雾，并且位于西方的水面比东方的水面要低。由于东高西低，那么海水从东向西流动，来填补空缺。这是自然的规律。

【原文】

夫干热气腾上，至于中域，为冷寒气所扼，既不得上，而性轻又不得下，则必致横飞也。又其飞之速迟强弱，由于气之众寡清浊，及其上冲之力与势也。盖气之冲上者疾急，一值阻扼，其退飞亦必速迅，由是可知风飞时，其前后左右之气，无不动而随之者。是以气动为风者，亦必有故也。

【译文】

干燥热气从下方上升到中域时受到寒气阻碍，既无法继续向上升，又因其本身轻盈而无法下沉，必然导致横向运动。而其飞行的速度、迟缓、强弱，取决于气体的数量、纯净程度，以及上冲的力量和势头。因为气体上冲时迅猛急促，一旦受到阻碍，其后退和横飞也必然迅速。由此可知，当风横向运动时，周围的气体无不随之而动，气体变为风，必定有其原因。

【原文】

或问旋风何？曰：若上所论干热之气，入数云内，复各爆出，适相撞结，因各随所向之地，互相推逐，以成旋轮。譬之川水，其急流时，忽值山石阻遏，无由可出，即回而为旋窝也。又譬之诸风，凡从广阔之地，归入隘巷，而无路可出，必回旋矣。是风在平地，值物多起；在海中，值舟多沉。

【译文】

有的人问旋风是什么？回答：当上面所述的干燥热气进入云中时，又突然冲出云层，彼此交错相撞，随着各自方向相互推挤，形成旋转气旋。就像河水一样，当其急流遇到山石阻碍时，无法顺利流出，就会转回形成漩涡。又像风一样，当从宽广的地方流入狭窄的巷道时，没有出路可走，必然会回旋。这样的风在平地上会卷起各种物体，在海上会使船只沉没。

【原文】

夫风有多利，姑举四端。其一，拂动近气，令就平和，以利呼吸。人与诸生，缘此以免闭塞之伤。盖近气无风，则积聚不散，有伤生命故也。其二，带云成雨，以滋内地。盖内地气微，旋生旋灭，力不足成云雨之功。惟大海广受日照，猛起湿热之气，蓬蓬勃勃，升至中域，太阳返照，光力不及之际，遂乃变热而凉，先结成云，渐散成雨。然使无风带入内地，则湿气所成云雨，复归初升原处，何由利内地之人乎？其三，燥地所余潮气，悦生动物，速熟诸果。其四，助舟楫之力，以通货财，以利天下是也。

【译文】

风有很多好处，这里仅举四例。第一，风能扫除附近的污浊空气，使呼吸更加畅通，对人类和其他生物都有防止窒息的作用。这是因为如果附近没有风，污浊空气会积聚不散，对生命有害。第二，风能带来云彩形成雨水，滋润内陆地区。这是因为内陆地区云气稀薄，聚集后很快散开，力量不足以形成云彩和降雨，只有广袤的大海接受阳光照射，迅速产生湿热气流，升至中层，在太阳反射光线不足的时候，于是气体变凉，首先形成云，逐渐转化为雨水。如果没有风将云雨带入内陆地区，那么形成的湿气云雨将再次回到起始地方，如何造福内陆地区的人们呢？第三，风能带来海洋残留的湿气，让动植物生机勃发，使各种水果加速成熟。第四，风能助力船只航行，促进贸易和物资交流，造福天下人民。

云雨

【原文】

云乃湿气之密且结者也。地水之气，被日爆暖，冲至空际中域，一遇本域之寒，即弃所带之热，而反元冷之情，因渐凑密，终结成云。则或薄而稀，或厚而密者。又由于气之干湿清浊相胜之异势也，薄稀者轻浮，易为风所拨散，难以成雨，是为枯瘠无益之云。若厚密者，多含润泽，故易化雨而益物。则雨无他，乃施雨之云耳。凡初雨之时，必濛濛而细，渐而近地，则其雨点愈大矣。盖雨落时多细微，雨点彼此相沾，若下之路远，则相沾之更多，而加重大。故山顶比山根之雨点微小，因云离山顶近，离山根远故也。又冬月比夏月雨点微小，因冬月天冷时，云离地不远，夏天大暑日，云高离地更远。然云远，则雨点从上而下，一路彼此相沾之多，而加重大；云近则路短，而相沾之雨点小。

雨雹时亦然。若当时有大风，雹子而横斜下，其体更加重大。盖横斜之路比正直之路，更远，路远则雹子相沾之多。间有如弹丸大者，若剖而细视之，则灼见多小雹子沾于一处。由此故也。

【译文】

云是由密集且凝结的湿气形成。地球上的水汽被阳光加热后受热冲至天空中层，因本域寒冷，云体受冷热度散尽，转而变得寒冷，逐渐凝聚并最终形成云。因此云有时薄且稀疏，有时厚且密集。这取决于气体的湿度、干燥程度以及清浊差异。薄且稀疏的云轻盈浮动，容易被风吹散，难以降雨，对土地无益。而厚密的云含有丰富湿气，因此更容易变成雨水，有益于万物生长。所以雨水的来源就是这些云。刚开始下雨时，在高空雨滴细小而稀疏，渐近地面时，雨滴就会变大。所以一开始下雨时，雨滴细微而彼此相互碰撞融合，如果雨滴下落中距地面很高，它们之间相互碰撞融合的次数就多，从而雨滴就大。因此，山顶的雨滴比山脚下的雨滴小，因为云朵距离山顶近，距离山脚远。而冬天的雨滴比夏天的雨滴小，因为冬天天气寒冷，云朵距离地面较近，夏天炎热，云距离地面较远。云朵距离地面越远，雨滴从上方落下时彼此碰撞的次数更多，雨滴越大；云离地面越近，碰撞的距离就越短，雨滴就越小。

冰雹也是如此。如果有强风吹过，冰雹就会斜着落下，其体积更加庞大。因为倾斜向下降落的路程比直线降落的路程更远，路程越远，雹子相互碰撞的次数就越多。有时会出现像弹丸大小的冰雹，如果细细观察，就会发现许多小冰雹聚集在一处，就是由此原因造成的。

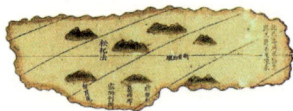

四元行之序并其形

【原文】

四元行不杂不乱，盖有次第存乎其间。故得其所则安，不得其所则强，及其强力已尽，自复归于本所焉。本所者何？土下而水次之，火上而气次之，此定序也。其故有三：

一曰重轻。重爱卑，轻爱高，以分上下重轻。又有甚次之别，因上之中有下，下之中有上，以分元行之四。水轻于土，气重于火，水在土之上，气在火之下。然水以重言、气以轻言者，较从其众故也。盖水对一土曰轻，对二火气曰重，气对一火曰重，对二水、土则曰轻也。以是知水必下而不上，气必上而不下矣。

二曰和情。盖情相和则近，相背则远。假如干冷成土，湿冷成水。土、水以冷情相和，故相近。湿热成气，湿冷成水，水、气以湿情相和，故亦相近。干热成火，湿热成气，气、火以热情相和，故亦相近。若背情之行相反则远。假如水冷而湿，火热而干，二情正背，故以相远。问土、火以干情相和，而极远者，以土、火虽有相和之情，重轻大异。故权衡于二者之故，可以定四行之序矣。

三曰见试。盖四行之序，目前易试也。火发为焱，常有从下至上尖杀之形，西曰火形盖不能安下，而奋力以上，必向极高是也。气偶入土、水之中，不得其安而欲上行，在土为地震，为山崩，在水为沤、为泡。试强一球至水底，忽然突出是也。水若腾在气域，必被强而不得安，迨强力已尽，自复归于本所。如成雨者，以太阳薰蒸地湿为云，云稀属气，故轻而浮，云密属水，故重而坠。坠者复其本所也。土入水必下，至水底而后安。

【译文】

水火气土的运行，不混乱、不杂乱，因为它们之间存在一定顺序。因此，它们各自在自己所处的位置上就是安定的，不在它所属的位置就会受到压迫。而当它的压迫力量消耗殆尽时，就会自然回归到本属于它的位置。所谓本属于它的位置是指什么呢？是土在最下面，其上依次是水、气、火，这样一种确定的顺序。这种顺序产生的原因有三个：

第一是重和轻。高的喜欢在低处，轻的喜欢在高处，因此用轻重来区分上下位置。其中又有更次一级的差别，因为在上方中还有相对的下，下之中还有相对的上，以此来把物质分为四类。水轻于土，气重于火，因此水位于土之上，气则位于火之下。然而水被称为重，气被称为轻，是因为从它数量大来说的。因为水对于单独的土而言是轻的，对于两个火和气而言是重的，气对于单独的火而言是重的，对于两个水和土而言是轻的。由此可知，水一定在下面而不在上面，气一定在上面而不在下面。

第二是水土气火的属性。属性相似则离得近，属性相背则离得远。比如干燥寒冷变成土，湿润寒冷变成水。土和水是因为寒冷的属性相和，所以彼此相近。湿润炎热变成气，湿润寒冷变成水，水和气因为湿润的属性相和，所以也相近。干燥炎热变成火，湿润炎热变成气，火和气因为炎热的属性相和，所以也相近。如果属性相斥则离得远。比如水冷而湿润，火热而干燥，两种属性正好相背，所以彼此相远。土和火是因为干燥的属性相和，但极其相远的原因是，尽管土和火有相和的情况，但重轻之间差异很大。因此，权衡这两者的原因，就可以确定水土气火的运行顺序。

第三是看见实验。因为水土气火的顺序可以直接进行观察。火燃起时呈现出由下往上尖锐而具有杀伤力的形态，称为火形，大概是因为它无法安于下方而奋力向上，必然处于极高的位置。气偶然进入土或水之中，在水、土中躁动不安而想要向上行动，在土中表现为地震、山崩，在水中表现为水沸腾、形成气泡。试想将一个球体强行按在水底，松开手，球就会浮出来。如果水被抬起在气中，必然受到强力压迫而无法安稳，当压迫力量消耗殆尽时，自然会回归本属于它的位置。比如形成雨的过程，太阳蒸腾湿润的地面形成云，薄云属于气体，因重量轻而上浮，聚集起来的薄云变得密集，属于气，因重量大而下坠。下坠就会回归它的位置。直至水底才安稳。

【原文】

夫四元行必圆，其理有二。一则宇宙之全，正为一球，球以天与火、气、水、土五大体而成。天体既圆，则四元行之皆为形圆也断然矣。一则四行皆在月天之下，相切，若有他形，则火形之上或方或尖而不圆，必于月天之下未能相切，以致有空阙，为物性所不容矣。四行之上既圆，则其下亦然。苟下有他形，则周乎地者亦不圆矣。地既无不圆，则其相连之水与气，亦无不圆可知矣。盖凡物必圆而后能存，如方则易散而毁矣。以故非特天地与四元行皆圆，至于人物、肢体及草木、果实，无不皆圆也。即如滴水而必成珠，此固物合以存，不欲散而毁也。

【译文】

四元的运行是环形，其原因有两点。首先，宇宙的整体构成是一个球体，球体由天与火、气、水、土五大元素组成。天体是圆的，那么四元的运行也必然呈现圆形。其次，四元运行都在月天之下相互交融。如果有其他形状，那么在火形之上可能是方形或尖锐的，而非圆形。必定在月天之下无法相互交融，导致空隙，这是物质性质所不能容忍的。四元之行在上方是圆的，那么在下方也是如此。如果下方存在其他形状，那么地球的一周也不会是圆形。既然地球是圆的，那么与之相连的水和气也必然是圆的。因为一切物体只有是圆形才能存在，如果是方形就容易散开而毁灭。所以，不仅仅是天地和四元之行是圆的，人类、身体、草木和果实等一切也都是圆的。就像水滴的形状像珠子一样，事物只有聚合在一起才能存在，若非如此，只有散乱各处而毁灭一种结果。

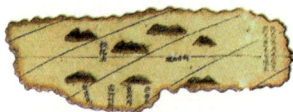

人物

【原文】

天以下周围大地无不有人居焉。古者多疑赤道及南北二极下之地，皆无人居，盖以其甚暑、甚寒故也。然航海者，每周全地而验之，处处皆有人居，足以知旧说之非是矣。欲明其然，则见于空际格致论中。从东而西，凡离赤道之南北一般远之地，则人物大同小异；若其离赤道近远大不同之地，则人物亦随之而大不同矣。盖天下变化之功，大概从日月五星自东而西周天之运动而生。其四元行之情，如冷热干湿，随之而变。然日月五星，皆依黄道而行，而黄道之平分在于赤道也。

【译文】

地球上的所有大陆板块均有人居住。古时人们怀疑赤道和南北极地区无人居住，因为那里酷热或酷寒。然而航海者周游世界，发现到处都有人居住，足以证明旧说是错误的。若要明白这一点，可参考空间格物致知的理论。从东到西，一般离赤道南北相等距离的地方，人们的生活大致相同；若是离赤道近或远差异很大的地方，人们的生活则差异很大。天下变化的原因主要是因为太阳、月亮和五星从东到西随天体运动而变化。如冷热、干湿等四元运行情况也随之变化。太阳、月亮和五星都沿着黄道运行，而黄道的平分线就在赤道上。

【原文】

　　普天之下，人所公同者，即灵性也。其五伦规矩之繁简、法度之疏密、礼貌之华朴，虽有不同，终无以出于理外者。盖所同者其性，而其所不同者，则面貌及声音也。盖凡物传类者，如禽兽等，容貌多相同，独人不然，人各一貌，皆可识别。不但天下之广如此，即一国、一方、一家，皆如此。容貌、声音，无二人全同者，此其中有主宰天下者之大意存焉。盖凭面貌以判彼此，彝伦所系，齐治攸关，原非细故。假使人面皆同，必至夫妇各不相识，父子皆不能辨，人各肆志任情，奸宄丛生，无所不至，虽欲治，得乎？彼禽兽大率同类相似者，岂非以其无彝伦齐治关系故哉？面貌异矣，又复别以声音，盖以人目异等，又或夜遇，无从识认，更有此以证佐之也云尔。

【译文】

　　在世界范围内，人们共同的特征就是灵性。尽管五伦规矩、法度和礼仪的繁简程度有所不同，但归根结底都不超出理性范畴。共同之处在于他们的本性，而不同之处在于他们的容貌和声音。事实上，物种传承中，像鸟兽等容貌相似的较多，唯独人类与此不同，每个人都是独特的容貌，可以互相辨认。不仅世界范围内是这样，即便是一个国家、一个地区或一个家庭也是如此。容貌和声音没有两个人完全相同，其中蕴含着主宰天下的大智慧。凭借容貌来判断彼此亲疏关系伦理纲常，对于国家的治理至关重要，这并非微不足道的事情。假设人们的面貌都相同，那么必然导致夫妻之间互不相识，父子都无法辨别，人们随心所欲，恶行滋生，什么坏事都会发生，即使有治理之心，便能成功吗？而禽兽之间大多相似，难道不是因为它们没有像人类那样的亲疏关系？面貌不同，又用声音区分，大概是因为人们的视力与它们不同，有时候在夜间相遇，也无法互相识别，更有这些事实来佐证这一观点。

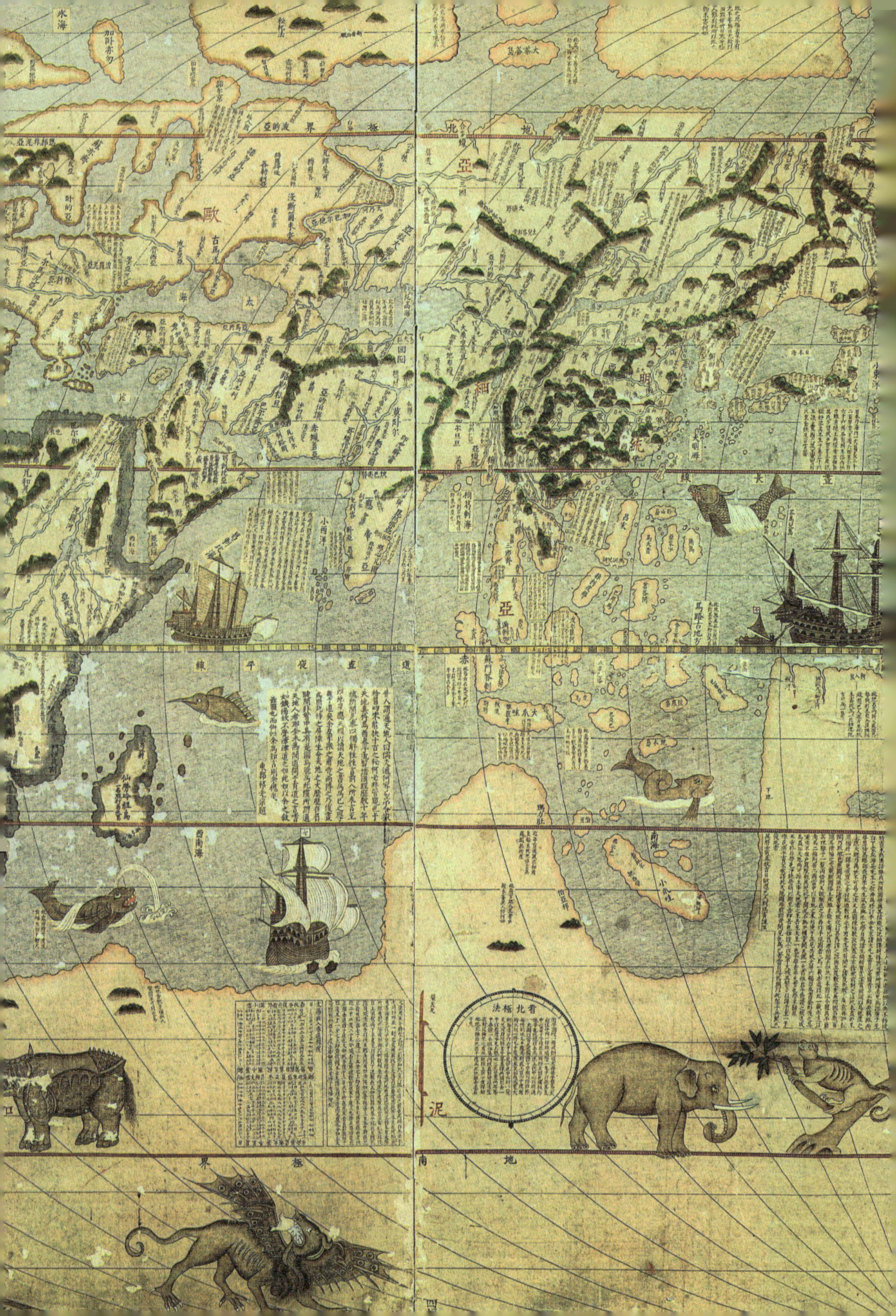

冰海
歐
亞
細
看北極法
泥

卷下

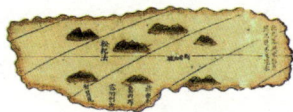

亚细亚洲

【原文】

　　亚细亚，天下一大洲。人类肇生，圣贤首出，出其界南至苏门答喇、吕宋等岛，北至新增白腊及北海，东至日本岛、大清海，西至大乃河、墨阿的湖、大海、西红海、小西洋。国土不啻百余，大者首推中国。此外曰鞑而靼，曰回回，曰印第亚，曰莫卧尔，曰百儿西亚，曰度儿格，曰如德亚，俱此洲巨邦。海中有大岛，曰则意兰，曰苏门答喇，曰爪哇，曰渤泥，曰吕宋，曰木路各。更有地中海诸岛，亦属此洲界内。

【译文】

　　亚细亚是天下最大的洲。人类起源和圣贤出现都始于这里。它的边界南至苏门答喇、吕宋等岛，北至新增白腊和北海，东至日本岛、大清海，西至大乃河、墨阿的湖、大海、西红海和小西洋。这个洲的国家不下百余个，其中最大的是中国。此外还有鞑靼、回回、印第亚、莫卧尔、百儿西亚、度儿格和如德亚，它们都是这五洲比较大的国家。海中有大岛，如意兰、苏门答喇、爪哇、渤泥、吕宋和木路各。还有地中海的一些岛屿，也在这个洲的范围之内。

亚细亚洲 ▶

选自《坤舆全图》清代木版笔彩本　收藏于日本神户市立博物馆

【原文】

中国则居其东南，自古帝王圣哲、声名文物、礼乐衣冠，远近所宗。山川、土俗、物产、朝贡诸国，详载省志诸书，不赘。

【译文】

中国位于亚细亚东南部，自古以来，帝王及圣贤哲人、乐器文物和礼乐服饰，都广为人知，是远近国家效仿的对象。关于山川、土俗、物产和朝贡国家的情况，详细载于各省志书籍中，不再赘述。

四夷圖

土魯番
火州
和寧
哈烈

哈密衛
土魯番

州屬此即入河套也

宴夏

坤衛

安定衛
曲先衛
罕東衛
阿端衛

赤斤蒙古衛

西寧

松潘
甘肅亦不剌
竇者十此

四川

西番即所言安南以南至雲南西界雜番也

星宿海
西域貢獻之國凡四十六

西洋貢舶之國皆道於此

貴州

雲南

政可故墟入九六

四夷圖

廣輿圖

卷之二

五國城
奉聖

女直即奴
兒干夷人

兀良哈
即三萬
衛

大寧
故都司
地在
此

朝鮮即
古扃麗

京師

山東

南京

浙江

日本東海島
夷小国徠

福建

琉球東南
海中諸夷

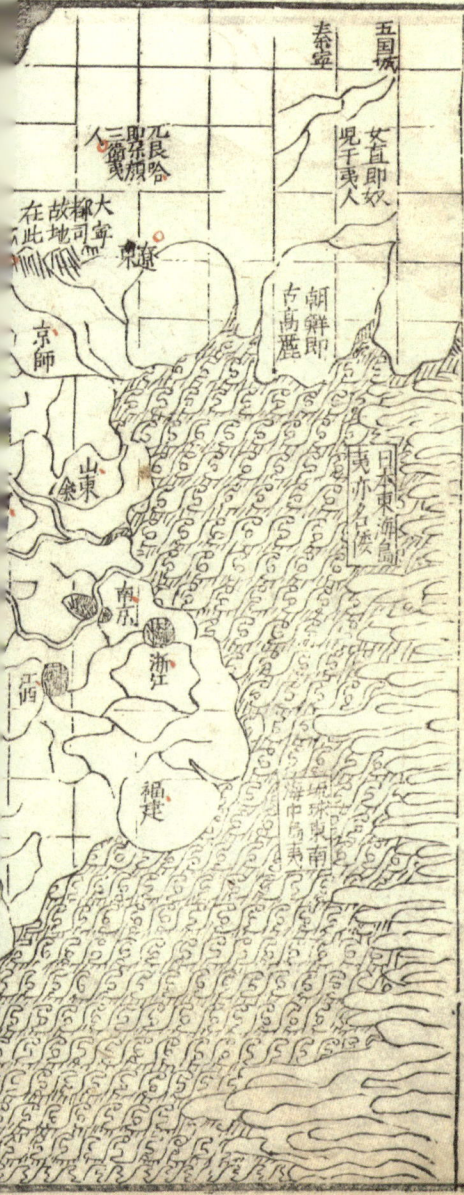

◀ 四夷图

选自《广舆图》（明）罗洪先

《塞尔登中国地图》（局部）

佚名 收藏于英国牛津大学博德利图书馆

塞尔登地图是当时最大的挂图,也是近700年来最重要的东亚地图。其中标有105个地名,涵盖了日本、朝鲜半岛、东南亚和印度等地区。非汉字地名使用闽南话拉丁字母音译。东亚海上贸易分为东洋和西洋两大航线。东洋航线通往吕宋、苏禄和香料群岛,而西洋航线途经印度支那沿岸和马来半岛,最终到达万丹的爪哇岛西岸。

東海

【原文】

西北有回回诸国，人多习武，亦有好学好礼者。初宗马哈默之教，诸国多同，后各立门户，互相排击。地产牛、羊、马畜极多，因不啖豕，诸国无豕。

【译文】

　　西北部有回民国家，人口众多，擅长武术，也有爱学习和礼仪的人。他们最初信奉默罕默德的教义，许多国家都有相同的信仰，后来各国各自建立门派，相互排挤攻击。这个地区牛、羊、马等家畜非常丰富，因为不吃猪肉，所以这些国家没有猪。

◀ 西域图

选自《广舆图》（明）罗洪先

莫卧尔

【原文】

印度有五，惟南印度仍其旧，余四印度皆为莫卧尔所并。其国甚广，分十四道，象三千余。尝攻西印度，其王统兵五十万，马十五万，象二百，每象负一木台，容人二十，载铳千门，大者四门，每门驾牛二百，盛载金银五十巨罂以御，不胜，尽为莫卧尔王所获。东印度有大河，名安日，谓经此水浴，作罪悉得消除。五印度人咸往沐浴。东近满喇加国，各人奉四元行之一，死后各用本行葬其尸。奉土者入土，奉水、火者投水、火，奉气者悬尸于空中。

【译文】

印度起初共有五个部分，现在只有南印度保持独立，其他四个部分都被莫卧尔吞并。这个国家非常广阔，分为十四个州，相当于三千余个行政区域。曾经攻打西印度，其国王统领五十万士兵，十五万匹马，两百头大象，每头大象背负一块可容二十人的木台，装备一千门火炮，四门大炮，每门大炮由两百头牛驱动，装载着五十个巨大的金银容器，以示威慑，但最终都被莫卧尔王俘获。东印度有一条大河，名为安日，据说经过这条河水洗澡，能消除一切罪恶。因此五个印度国都的人都前往沐浴。印度东边靠近满喇加国。每个人都奉行水火土气四行中的一个，死后按照自己的信仰埋葬。信奉土行的人埋入土中，信奉水和火的人投入水或火中，信奉气的人就悬挂在空中。

【原文】

最西有名邦曰如德亚，其国史书载上古事迹极详，自初生人类至今六千余年，世代相传，及分散时候，万事万物造作原始，悉记无讹。因造物主降生是邦，故人称为圣土。春秋时，有二圣王，父达味德，子撒喇满，造一天主堂，皆金玉砌成，饰以珍宝，穷极美丽，费以三十万万。王德盛智高，声闻最远。中国谓西方有圣人，疑即指此。古名大秦，唐贞观中，曾以经像来宾，有景教流行碑刻可考。

如德亚之西，有国名达马斯谷。产丝、棉、绒、罽、颜料，极佳，城不用砖石，是一活树纠结，甚厚无隙，高峻不可攀登，天下所未有。

【译文】

最西边有一个名为如德亚的著名国家，这个国家史书详细记载了上古时期的事迹，自人类诞生以来至今六千余年，世世代代相传，包括分散时期，一切事物的起源都被准确记录下来。由于造物主降临在这个国家，人们称其为神圣的土地。在春秋时期，有两位圣王，父亲名为达味德，儿子名为撒喇满，他们建造了一座天主神堂，全部由金玉砌成，装饰着珍宝，极尽美丽，耗资三十亿。国王德才兼备，声名远播。中国称西方有圣人，大概就是指这个国家。此国古时称之为大秦，唐贞观年间其国曾派人携带经像来到中国，现有《景教流行碑》可以溯源考察。

在如德亚的西边有一个国家，名为达马斯谷。那里出产丝绸、棉布、绒、罽和颜料，品质极佳。城市不用砖石建造，而是由一棵活树的枝叶相互缠绕而成，非常厚实且无缝隙，此树高耸且不可攀登，天下独一无二。

印第亚

【原文】

印第亚即天竺五印度，在印度河左右。人面紫色，善百工技巧，无笔札，以锥画树叶为书。国王例不世及，以姊妹子为嗣，亲子给禄自膳。男不衣衣，以尺布掩脐下；女以布缠首至足。其俗士、农、工、贾，各世其业，最贵曰婆罗门，次曰乃勒。奉佛，多设斋醮。今沿海诸国率奉天主正教。其地有加得山，中分南北。南半山川气候、鸟兽、鱼虫、草木，各极诡异。立夏至秋分，无日不雨。反是，则酷暑难堪，惟有凉风解之。自巳至申，从海西来；自亥至寅，从陆东来。

【译文】

印第亚即天竺五印度，在印度河旁边。其人面色呈紫色，擅长使用各种工艺技巧，不使用笔墨，以尖锥画树叶为文字。国王一般不是世袭，而是传给姊妹的子孙，亲生子女则享有禄位和自给自足的生活。男性不穿上衣，只用布遮盖下腹；女性则用布从头缠到脚。社会阶层有士、农、工、商，各自从事各自的职业，最尊贵的是婆罗门，次之为乃勒。他们信奉佛教，经常设斋醮。如今沿海各国多信奉天主教。该地有一座加得山，分布于南北两半球。南半部的山川、气候、鸟兽、鱼虫和植物都非常奇特。立夏到秋分期间，几乎每日都有雨。与之相对的季节，则酷热难耐，只有凉风能解。从巳时到申时，风从海西面吹来；从亥时到寅时，风从东方陆地吹来。

【原文】

草木异常者难屈指。所产木造舟极坚，不破坏。多生椰树，干可造舟车，叶可覆屋，实能疗饥，浆止渴，可为酒、醋，为油，为饴糖，可削为钉，壳盛饮，瓢索绚。有二奇木，一名阴树，花形如茉莉，昼不开，夜始放，晨尽落。国人好卧于下，花覆满身。一木不花而实，不可食，枝飘扬下垂，附地生根若柱。岁久结成巨林，无异屋宇。有容千人者，树中近原干处以供佛，名菩萨树。

【译文】

　　草木中异常的种类不胜枚举。所产的木材非常坚固，不易破坏。椰树生长茂盛，树干可用于制造船只和车辆，叶子可以覆盖屋顶，果实能够充饥，果浆能止渴，可用来制作酒、醋、油和糖浆，还可以削成钉子，果壳可用来盛水，果肉可供索取。还有两种奇特的树木，一种名为阴树，花朵形状类似茉莉花，白天不开，夜晚才绽放，早晨便凋落。国人喜欢躺在树下，一觉起来花朵落满全身。另一种树木不开花就结果，不可食用，枝条飘扬下垂，落地生根如柱子。经过多年生长形成巨大的森林，堪比房屋。其中有一种能容纳千人的树，在靠近树干的地方供奉佛像，被称为菩萨树。

【原文】

　　有巨鸟，吻能解百毒，一吻直金钱五十。象异他种，能识人言。或命负物至某处，往辄不爽。他国象遇之，则蹲伏。有兽，名独角，能解毒。此地多毒蛇，蛇饮泉水染毒，人兽饮之必死。百兽虽渴，不敢饮，俟此兽来，以角搅其水，毒遂解，百兽始就饮。又有兽，形如牛，大如象，生两角，一在鼻上，一在顶背，皮甲甚坚，交接处如铠甲，头大尾短，居水中可数十日。从小豢之，亦可驭，百兽俱慑伏。值象与马，必逐杀之。骨、肉、皮、角、牙、粪皆为药，西洋贵重之。其猫有肉翅，能飞。蝙蝠大如猫。

地势三角形，末锐处阔不百步，东西气候，各极相反，此晴则彼雨，此寒则彼热，此风涛蔽天，彼稳平如地。海舶乘顺风过者，至锐处行如拔山，此南印度尤异。

【译文】

还有一种巨鸟，它的吻能解各种毒，一个吻要价五十钱。这里的大象与其他种类不同，能听懂人的话语。有时命令它们搬运物品到某处，它们总是能顺利完成任务。其他国家的大象遇到它们时，就蹲伏在地。还有一种名为独角兽的动物能解毒。这个地方有很多毒蛇，蛇饮用泉水后水就会染上蛇毒，人和其他动物喝下去必定会死。其他动物即使口渴，也不敢喝水，直到独角兽来用它的角搅动水源，毒素才会解除，其他动物才敢喝水。还有一种兽类，形状像牛，体型如象，生有两个角，一个在鼻子上，一个在背部顶部，皮甲是非常坚固的，交接处像铠甲，头部庞大，尾巴短小，可在水中生活达数十日，人类从小驯养它们，就能驾驭它们，百兽都怕它们。如果与大象和马相遇，必定会驱逐杀死它们。它们的骨骼、肉体、皮肤、角、牙齿和粪便都是珍贵的药材，非常贵重。这里的猫有肉翅，能够飞行。蝙蝠的体型大如猫。

此处地势呈三角形，最尖锐处宽度不到百步，东西两侧的气候完全相反，这里晴朗但那里下雨，这里寒冷但那里炎热，这里风浪汹涌，那里平稳如地。航海船只是顺风经过这里时，到达尖锐处就像拔山一样难以行进，这是南印度尤为奇特的地方。

百儿西亚

【原文】

印度河西有大国，曰百儿西亚。幅员甚广，都城百二十门，乘马疾驰，一日未能周。有一苑囿，造于空际，下以石柱擎之，上承土石，楼台、池沼、草木、鸟兽毕具，大逾一邑。国王尝建一台，以所杀敌人头累之，几五万。国主好猎，一围获鹿三万，聚其角为台，今尚存。东近撒马儿罕界。一塔以黄金铸成，上顶一金刚石，如胡桃，光夜照十五里。河江极大，有一河发水，水所及处，生各种名花。

【译文】

印度河西边有一个大国名叫百儿西亚。它幅员辽阔，都城有一百二十个门，乘马车奔驰一天无法周游全境。有一座园林建在空中，下部用石柱支撑，上部承载土和石头，楼台、池塘、草木、鸟兽应有尽有，面积超过一个城邑。国王曾修建一座台子，用所杀敌人的头堆积而成，据说有近五万个头颅。国主喜欢打猎，一次围猎可获得三万只鹿，将鹿角聚起来建成高台，至今尚存。向东靠近撒马儿罕边界的地方有一座塔，由黄金铸造而成，塔顶镶嵌着一颗金刚石，像核桃一样大小，夜晚能照亮方圆十五里。河流和江河非常宽广，有一条河发水之后，水流所及之处，生长各种名花。

【原文】

百儿西亚西北诸国皆为度儿格所并，内有国亚喇北亚，土产金银，多宝石。地在二海中，气候常和，一岁再熟。有树如橡栗，夜露坠其上，即凝为蜜。晨取食，极甘美。产百物俱丰，古称福土。其地有沙海，广二千余里，沙乘大风如浪。行旅过此，偶为沙浪所压，倏忽成丘山。凡欲渡者，以罗经定方向，测道里，备粮糗及兼旬之水，乘骆驼，驼行甚疾，日驰四五百里，又耐渴，一饮可度五六日。其腹容水甚多，客或乏水，则剖驼饮其腹中水。

【译文】

百儿西亚西北部的诸国都被度儿格兼并，其中有一个名叫亚喇北亚的国家，出产金银和宝石。该地在两海洋之间，气候常年温和，一年可以收获两次庄稼。有一种树，类似橡栗树，夜露滴落在树上，立即凝结成蜜。清晨取食，极其甘美。该地物产丰富，古代被称为福地。该地还有一个沙海，宽度超过两千里，沙子随大风起时如同波浪。旅人经过时，偶尔会被沙浪覆盖，转眼间就变成沙丘。凡是想要渡过沙海的人，要用罗盘确定方向，测量里程，备足粮食和水，乘骆驼急速前行。骆驼一天可以奔驰四五百里，而且生性耐渴，喝一次水可以维持五六天。骆驼的腹部蓄水能力非常强，如果旅客缺水，还可以剖开骆驼的腹部，喝里面的水。

【原文】

度儿格之西北纳多理亚国，有山，多琼石，国人往凿之。至一石穴，见石人无算。皆昔时避乱之民，穴居于此，死后为寒气所凝，渐化为石。又有地名际刺，产异羊，羊绒轻细，雨中衣之，不沾濡，渍以油毫不污染。有山，生草木皆香，过之，香气馥郁，袭人衣裾。

【译文】

在度儿格的西北方向有一个国家叫多理亚，那里的山上有许多琼石，当地人前去开采。到达一个石洞，可以看到不可计数的石人，原来他们都是过去逃避战乱的百姓，居住在洞穴中，死后被寒气凝结，逐渐变成石头。还有一个地方叫际刺，那里生产一种特别的羊，羊毛轻细，即使在雨中穿着也不会被打湿，沾上油也不会形成污渍。那里有山，生长的草木都带着香气，经过时芳香扑鼻，袭人衣裙。

鞑而靼（dá）

【原文】

中国之北，迤西一带，直抵欧逻巴东界，俱名鞑而靼。江河绝少，平土多沙，大半皆山。大者曰意貌，中分亚细亚之南北。其北皆鞑而靼种，气候极寒，冬月无雨，入夏微寒，仅湿土。人性好勇，以病殁为辱。少城郭居室，驾屋于车，以便迁徙。产牛、羊、骆驼，嗜马肉，以马头为绝品，贵者方得啖之。道行饥渴，即刺所乘马，沥血而饮。嗜酒，以一醉为荣。国俗大都如此。

更有殊异不伦，夜行昼伏，身蒙鹿皮，喜食蛇、蚁、蜘蛛者。有人身羊足，气候极寒，夏月层冰二尺。有长人善跃，一跃三丈，履水如行陆。

【译文】

从中国北方向西直达欧洲东边，这一带统称为鞑而靼。这里江河极少，土地多沙，大部分是山地。最大的是意貌，将亚洲分为南北两部分。北方多为鞑而靼族人，气候极寒，冬季无雨，夏季微寒稍湿。人们性格骁勇，认为因病而死是一种耻辱。城市和居所很少，将家安在车上，便于迁徙。产牛、羊、骆驼，喜欢吃马肉，认为马头是绝佳美食，只有贵族才能品尝。在旅途中饥饿和口渴时，就用刀刺开所骑马的动脉喝血解渴。极爱饮酒，以喝醉为荣。这是该国的普遍习俗。

还有一些奇特而异乎常情的人，昼伏夜出，身披鹿皮，喜欢吃蛇、蚂蚁、蜘蛛。还有人身羊足的人，此地气候极寒，夏季地面结冰可达两尺厚。还有身材高大、擅长跳跃的人，一跃可达三丈，行走水面如履平地。

【原文】

迤西旧有女国，曰亚马作搦，最骁勇善战，尝破一名都，曰厄弗俗。其地建一神祠，宏丽奇巧，非思议所及。国俗惟春月容男子一至其地，生子男，辄杀之。今为他国所并，存其名耳。

【译文】

迤西曾经有一个女性国家，名为亚马作搦，女子勇猛善战，曾攻破一个名叫厄弗俗的城市。在该国建有一座神祠，宏伟而奇巧，无法用言语形容其绮丽。该国只有在春月期间容许男子前往该地，与该国女子生下男婴都会被杀害。如今已被其他国家并吞，只留下名字。

【原文】

又有地曰得白得，不以金银为币，止用珊瑚。至大刚国，惟屑树皮为钱，印王号其上，当币。其俗国王死，往葬，逢人辄杀，谬谓死者可事其主。

【译文】

还有一个地方叫得白得，不使用金银作为货币，而是使用珊瑚。至于大刚国，仅以树皮作为货币，印上国王的名号作为标记。他们的习俗是当国王去世时，前往进行送葬，在路上遇到的人都会被杀害，因为他们荒谬地认为死者可以侍奉他们的君主。

则意兰

【原文】

印第亚之南有则意兰岛，人自幼以环系耳，渐垂至肩而止。海中多珍珠，江河生猫睛、昔泥红、金刚石等。山林多桂皮、香木，亦产水晶，尝琢成棺，敛死者。相传为中国人所居，今房屋、殿宇亦颇相类。西有小岛，总名马儿地袜，不下数千，悉为人所居。海中生一椰树，其实甚小，可疗诸病。

【译文】

印第亚的南方有一个名为则意兰岛的地方，人们从小就戴环形耳坠，长大后耳环逐渐垂至肩膀。此地海中珍珠众多，江河中生产猫眼石、昔泥红、金刚石等。山林中盛产桂皮、香木，也有水晶，水晶有时被做成棺木用来安葬死者。相传这里是中国人曾经居住过的地方，现在的房屋和宫殿也与中国有些相似。西方有许多小岛，统称为马儿地袜，数量以千计数，都有人居住。海中生长着一种椰树，果实非常小，但可以治疗各种疾病。

大清海

河南　江　江西　湖南　福建　廣　雲南　貴州　南　廣　新

大鳥
火島

台灣
吉

乾利彼納

吕宋

利島賀羅

喥渫泥瑪

喥渫加里

听活復

柳島

日本斯

剌箇碧島
都郎碧納島

大日瑪

望若亞納島
听水沉

則多納瑪

渤爾鈕

捕羅觀多面

三百四十　芳州　三百五十　泥㕃　三百三十五　三百六十

地

爪哇

的木耳島

歐窩的木耳島

苏门答喇

苏门答喇岛至湿热，人至其地者多病。君长不一。产金甚多，及产铜、铁、锡、诸色染料。有大山油泉，可取为油。多沉香、龙脑、金、银、香、椒、桂。人强武，恒与敌国相攻杀。多海兽、海鱼，时登岸伤人。

其东北满喇加国，地不甚广，为海商辐辏。正在赤道下，春秋二分，气候极热，赖无日不雨，故可居。产象及胡椒，佳果木终岁不绝。人良善，不事生业，或弹琵琶闲游。

苏门答喇岛属于湿热气候，前往该地的人常常生病。该地各部落君主和首领各不相同。这里盛产黄金，还有铜、铁、锡和各种染料。有座大山的泉水可以提炼成油。这里盛产沉香、龙脑、金银、香料、胡椒和桂皮。居民强悍好战，经常与敌对国家进行攻击和杀戮。海中有许多海兽和海鱼，有时会上岸伤人。

东北方有满喇加国，地势狭小，是海上商业枢纽。位于赤道下方，每年分为春季和秋季，气候极热，每日都有雨水，因此可以居住。这里产象牙和胡椒，各种果木终年不断。人民善良友好，不务生计，有时弹琵琶闲逛。

苏门答喇岛 ▶

选自《坤舆全图》清代木版笔彩本　收藏于日本神户市立博物馆

滔之會商舶輳湊富饒其民海
益屋而居覆以椰葉移則起椿
古沃倍干他壞有尼自樹酒比柳
芳國皆有之

三佛齊

滿剌加

新加波剌

蘇門

豬島

滿剌加地常有飛龍
統桐龍身不過四五
尺人常射之

補羅觀多爾

巴剌何亞島

出片腦燃火況水不滅
焚至煮有獸把雜雨腹
生一石營自病極黃重
百換國王籍為利

渤爾鈕

三百四十五

三百五十

泥峽

洛波島

馬路辣島

巴里

珠島

三百五十五

琶剌

榜加

恆木島

龍波格

巴里

三百四十

三百三十五

錯舡島

大孫峽

大巴地島

瓜哇島

瓜哇

絕人良善不
爾故可居產
兩輻輳春秋
經岸傷人東
人強武恒與
油泉取油多
不一產金銅
蘇門荅剌至

瓜哇島各
驟產香料
錢以胡椒
兒急好姧
白象白象

瓜龍波格
巴里

柳□
所弟亞郎天
芳葉為書國

爪哇

【原文】

爪哇大小有二，俱在苏门答喇东南，海岛各有主。多象，无马、骡，产香料、苏木、象牙，不用钱，以胡椒及布为货币。人奸宄凶急，好作魔魅妖术。诸国每治兵争白象，白象所在，即为盟主。

【译文】

爪哇有大、小两个岛，都位于苏门答喇的东南海岛上，这两个岛各有各的统治者。岛上大象很多，没有马和骡，生产香料、苏木和象牙。他们不使用金钱，以胡椒和布作为货币。人们狡猾邪恶，喜欢使用幻术和妖术。各个国家常常为了争夺白象而发动战争，白象所在的地方就成为盟主的所在地。

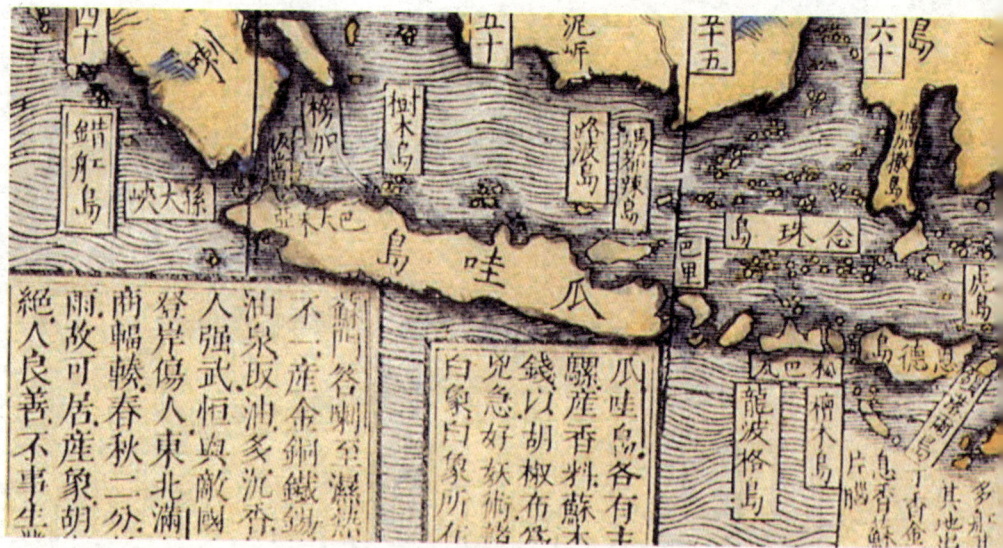

爪哇岛

选自《坤舆全图》清代木版笔彩本　收藏于日本神户市立博物馆

渤泥

【原文】

　　渤泥岛在赤道下，出片脑极佳。燃火沉水中，火不灭，直焚至尽。有兽名把杂尔，似羊鹿，其腹内生一石，能疗百病，极贵重，至百换，国王借以为利。

【译文】

　　渤泥岛位于赤道下方，生产极佳的片脑。将片脑点燃放在水中，火焰不会熄灭，直到完全燃烧完。有一种名为把杂尔的动物，就像羊和鹿，其腹内生长一块石头，能治疗百病，非常珍贵，价值高达百个金币，国王利用它获得财富。

吕宋

【原文】

　　广州之东南为吕宋。其地产鹰，鹰王飞，则众鹰从之。或得禽兽，俟鹰王先取其睛，然后群鹰方唼其肉。又有一树，百兽不得近，一过其下即毙矣。

【译文】

　　广州东南方是吕宋。那里盛产鹰，当鹰王飞翔时，众多鹰随之飞行。有时捕获猎物，等待鹰王先取其眼，然后其它鹰才会啄食其肉。另外还有一棵树，百兽不敢接近，一旦经过它的下方就会暴毙。

吕宋国夷妇

选自《皇清职贡图》彩绘本　（清）傅恒等／编绘　收藏于法国国家图书馆

吕宋国夷人

选自《皇清职贡图》彩绘本 （清）傅恒等/编绘 收藏于法国国家图书馆

吕宋

选自《坤舆全图》清代木版笔彩本　收藏于日本神户市立博物馆

木路各

【原文】

吕宋之南有木路各，无五谷，出沙谷米，是一木磨粉而成。产丁香、胡椒，二树天下所无，惟本处折枝插地即活。性最热，祛湿气，与水、酒同贮即吸干。树旁不生草，土人欲除草，折其枝插地，草即立槁。又产异羊，牝牡皆有乳。有大龟，一壳可容一人，或用为盾以御敌。

【译文】

吕宋南方有木路各，不产五谷，只种植沙谷米，这种米通过将木块磨成粉末制成。还出产丁香和胡椒，这两种树天下独有，只要将它们的枝条插入土壤就能存活。它们性质极其炽热，可以祛除湿气，与水和酒一同贮存就可以吸干其中水分。树旁不生草，当地人想除去草时，只需折断树的枝条插入土中，草就会立即干枯。还出产一种特殊的羊，无论公羊还是母羊都能产奶。还有一种巨大的龟，它的壳能容纳一个人，有时被用作盾牌来抵御敌人。

日本

【原文】

日本乃海内一大岛，长三千二百里，宽不过六百里。今有六十六州，各有国主。俗尚强力，虽有总王，权常在强臣。其民多习武，少习文，土产银、铁、好漆。其王生子，年三十，以王让之。其国大抵不重宝石，只重金、银及古窑器。

【译文】

　　日本是海中的一个大岛。长三千二百里，宽度不超过六百里。现在有六十六个州，每个州都有自己的统治者。他们崇尚武力，尽管有国王，但权力通常掌握在强大的臣下手中。人民大多数习武而少习文，生产银、铁和优质漆器。他们的国王在三十岁时将王位传给子嗣。这个国家不太重视宝石，而是重视金、银和古代陶器。

日本 ▶

选自《坤舆全图》清代木版笔彩本　收藏于日本神户市立博物馆

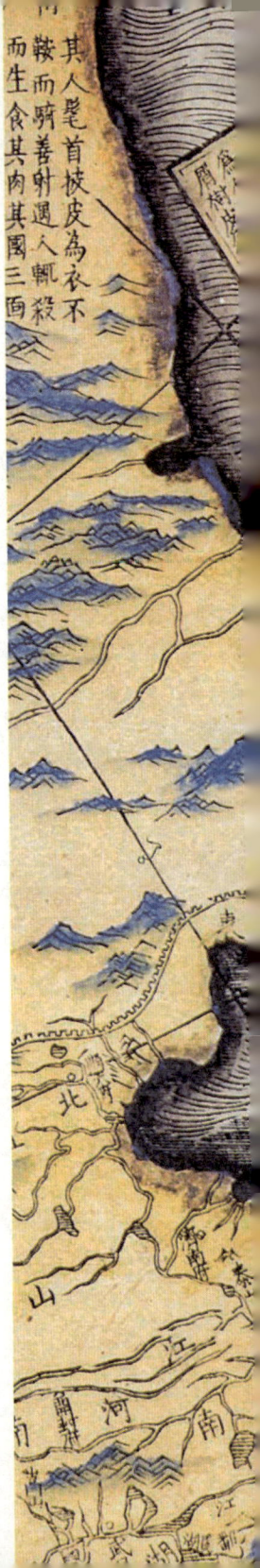

日本

本

大清

朝

多

瓶島

雙兄島

唐世島

火島

喜粗米

邪加多

聖記

巴加撒

黙亞哥

其打記

日本乃海内一大島長三千二百里覽不
過六百里合有六十六州各有國主俗尚強
力雖有總王權常在強臣其民多習武
少習文主產銀鐵好漆其王生子年三
十壅讓之其國大抵不重寶石只重
金銀及古窰器

102

日本国夷妇

选自《皇清职贡图》彩绘本　（清）傅恒等／编绘　收藏于法国国家图书馆

日本國夷人
日本古倭奴國唐改日本以近東海日出而名也地環海有五畿七道三島宋以前皆通中國明洪武初常表貢方物而責性桀黠時剽掠沿海州縣板服無常浴崇釋信巫嗜酒輕生亦習中國文字讀以土音立法頗嚴鮮爭訟盜若處飲食有古法其器用製造精巧物產亦饒男兒頂跣足著方領衣束以布帶出入佩刀劍婦挽髻拕寬衣長裙來覆能織絹布

日本国夷人

选自《皇清职贡图》彩绘本 （清）傅恒等/编绘 收藏于法国国家图书馆

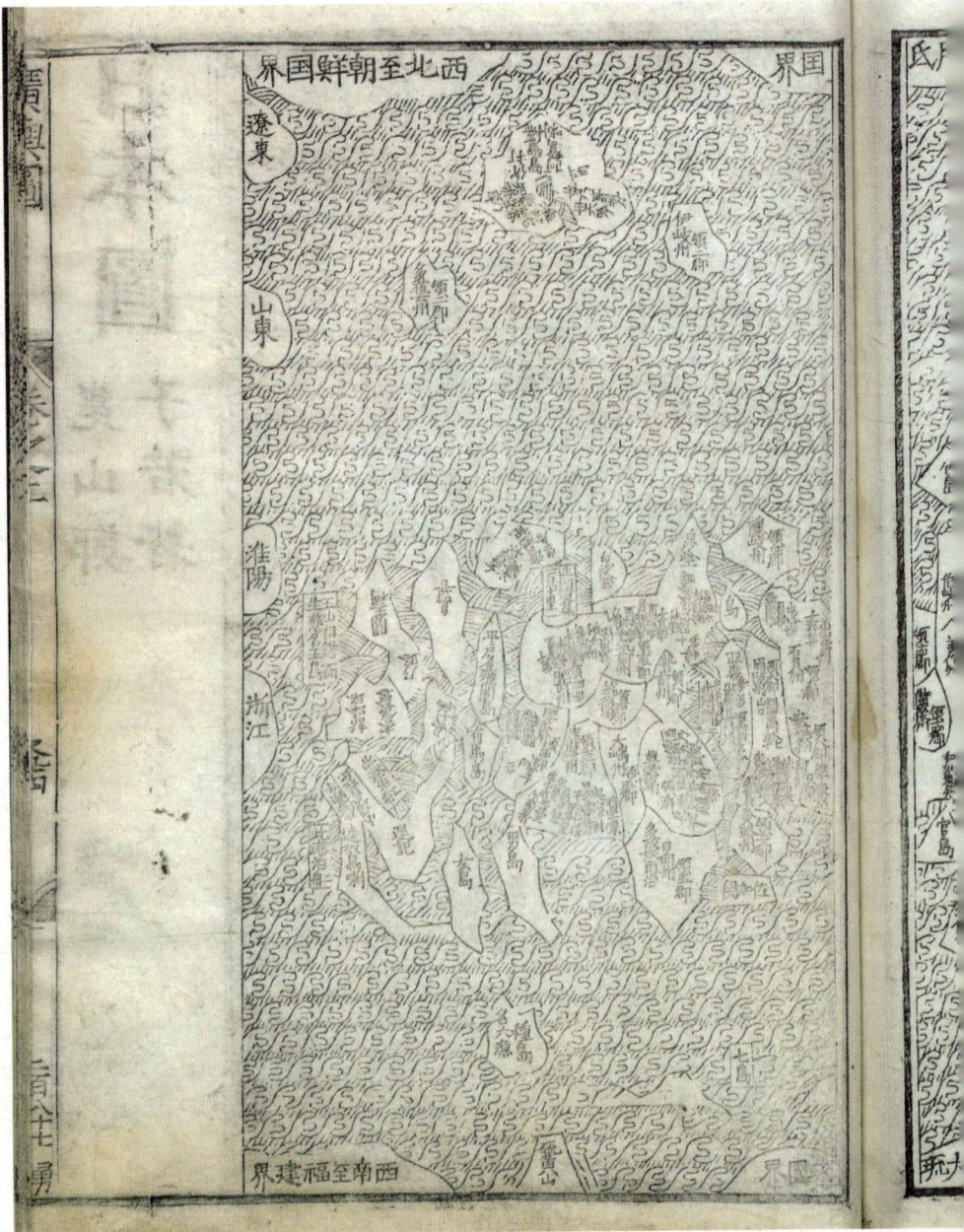

西北至朝鮮国界　　　　国界

遼東

山東

淮陽

浙江

日本圖

二百八十七　勇

西南至福建界　　　　　　国界

日本圖

崑山鄭
子若著

東北至矮人國界

東南至東女國界

◀ 日本图

选自《广舆图》（明）罗洪先

阿尔母斯

【原文】

阿尔母斯，其地悉是盐及硫磺，草木不生，鸟兽绝迹。人着皮履，遇雨过，履底一日辄败。多地震，气候极热，须坐卧水中，没至口方解。绝无淡水，勺水皆从海外载至。因居三大洲之中，富商大贾多聚此地，百货骈集，人烟辐辏，凡海内珍奇难致之物，辄往取之。

【译文】

阿尔母斯这个地方，全是盐和硫磺，没有草木生长，鸟兽已经绝迹。人们穿着皮鞋，遇到雨水鞋底一天就会被腐蚀。那里经常发生地震，气候非常炎热，必须坐卧在水中，沉没到嘴巴才能缓解。那里没有淡水，水都要从海外运来。由于它位于三大洲之间，富商大贾经常聚集在这里，百货琳琅满目，人烟繁华。凡是海中珍奇难得之物，都会到此地取。

地中海诸岛

【原文】

亚细亚之地中海，有岛百千，其大者曰哥阿岛，昔国人尽患疫，有名医依卜加得，不用药疗，令城内外遍举大火，烧一昼夜，火息病愈。盖疫为邪气所侵，火气猛烈，荡涤诸邪，邪尽疾愈，乃至理。

一曰罗得岛，天气常清明，终岁见日。尝铸一巨铜人，高三十丈，海中筑两台盛其足，风帆直过跨下，一指可容一人直立。掌托铜盘，夜燃火以照行海。铸十二年乃成，后地震而颓。运其铜，以九百骆驼往载。

　　一曰祭波里岛，物产极丰，每岁国赋至百万。葡萄酒极美，可度八十年。出火浣布，炼石而成，非他物也。

【译文】

　　亚细亚洲的地中海上有成百上千的岛屿，其中最大的岛屿是哥阿岛。过去人们遭受瘟疫的困扰，有一位名叫依卜加得的名医，不用药物治疗，命令城内外点燃大火，燃烧一天一夜，当大火熄灭时疫病就会消退。大概瘟疫是邪气所侵，火焰的猛烈能够驱散邪气，邪气消失疾病就会痊愈，这就是治疗瘟疫的原理。

　　还有一个岛叫罗得岛，天气常常晴朗，一年四季都能见到阳光。该国曾经铸造了一座巨大的铜人，高达三十丈，在海中建造了两个塔台支撑它的脚，风帆能够直接穿过胯下，一个指头能够容纳一个人直立。它的手掌托着铜盘，夜间点燃火焰以照亮海洋。铸造铜人花费了十二年的时间，后来发生地震而倒塌。它的铜需要九百只骆驼来搬运。

　　还有一个叫祭波里岛，物产非常丰富，每年国家税收高达百万。当地所产的葡萄酒非常美味，可以贮存八十年。出产火红的织物，是用石头精炼而成的，没有其他材料可以替代。

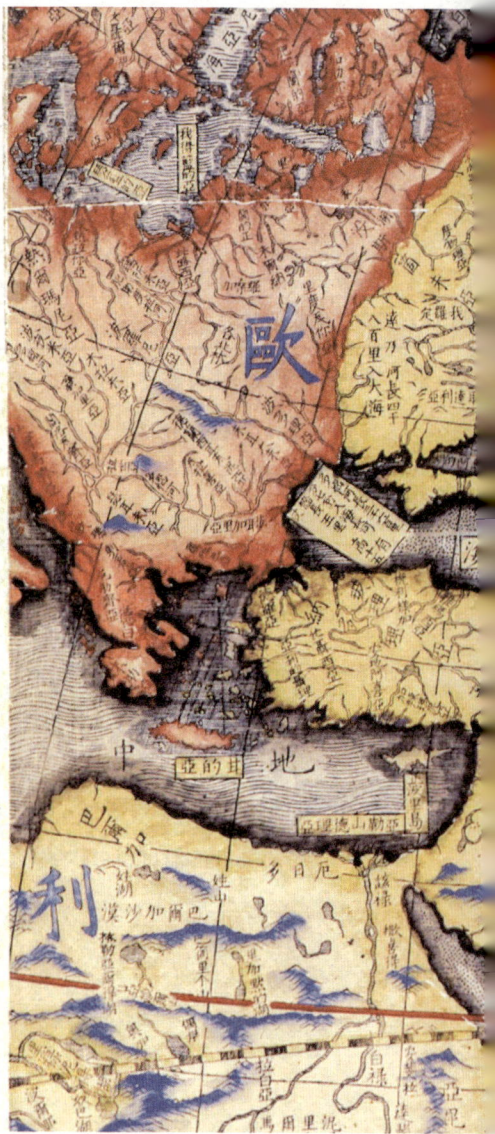

地中海

选自《坤舆全图》清代木版笔彩本　收藏于日本神户市立博物馆

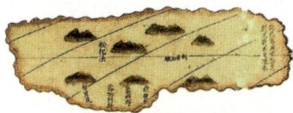

欧逻巴洲

【原文】

天下第二大洲，名曰欧逻巴。南至地中海，北至青地及冰海，东至大乃河、墨阿的湖、大海，西至大西洋，共七十余国。其大者曰以西把尼亚①、曰拂郎察②、曰意大里亚③、曰热尔玛尼亚④、曰拂兰地亚⑤、曰波罗泥亚⑥、曰翁加里亚⑦、曰大泥亚⑧、曰雪际亚⑨、曰诺勿惹亚⑩、曰厄勒祭亚⑪、曰莫斯哥未亚⑫。其地中海有甘的亚诸岛，西海有意而兰大、谙厄利亚诸岛。凡大小诸国，自国王以及庶民皆奉天主圣教，纤毫异学不容窜入。国王互为婚姻，世相和好。财用百物，有无相通，不私封殖。其婚娶，男子大约三十，女子至二十外，临时议婚，不预聘。通国皆一夫一妇，无有二色者。

【注释】

① 以西把尼亚：即西班牙。

② 拂郎察：即法国。

③ 意大里亚：即意大利。

④ 热尔玛尼亚：即神圣罗马帝国主要辖境"日耳曼尼亚"（Germania）的音译。

⑤ 拂兰地亚：即比利时佛兰德地区（Flandre）。拂兰地亚是南怀仁的家乡，因此他着重向中国人介绍了这里发达的纺织业。

⑥ 波罗尼亚：即波兰。

⑦ 翁加里亚：即匈牙利（意大利文 Ungheria），早年曾被认为是乌克兰。

⑧ 大泥亚：即丹麦。

⑨ 雪际亚：今译瑞典。明代天启年间意大利传教士艾儒略（Giulio Āleni）与中国人杨廷筠合作撰著的《职方外纪》一书中首次选用"雪际亚"来音译瑞典的国名。

⑩ 诺勿惹亚：即挪威。

⑪ 厄勒祭亚：指瑞典、丹麦一带的厄勒海峡地带，是北德意志地区的海运重地。

⑫ 莫斯哥未亚：即莫斯科公国，也就是日后的沙皇俄国。

【译文】

天下第二大洲名为欧逻巴。南至地中海，北至青地及冰海，东至大乃河、墨阿的湖、大海，西至大西洋，共七十余国。其中最大的有西把尼亚、拂郎察、意大里亚、热尔玛尼亚、拂兰地亚、波罗泥亚、翁加里亚、大泥亚、雪际亚、诺勿惹亚、厄勒祭亚、莫斯哥未亚。地中海有甘的亚诸岛，西海有意而兰大、谙厄利亚诸岛。所有的国家，无论国王还是普通人民都信奉天主圣教，不容忍其他信仰存在。国王们通过联姻来维持友好和平局面。经济繁荣，资源丰富，共享而无垄断。至于婚姻，男子通常在三十岁左右结婚，女子则在二十岁左右。婚姻的安排都是临时决定，没有事先订婚。每个国家都实行一夫一妻制，没有多妻制度。

【原文】

土多肥饶，产五谷，以麦为重，果实更繁。出五金，以金、银、铜铸钱为币。衣服蚕丝者，有天鹅绒、织金缎之属；羊绒者有毯、罽、锁哈喇之属。又有利诺草为布，细而坚，轻而滑，敝可捣为纸，极坚韧。君臣冠服，各有差等，相见以免冠为礼。男子二十以上，概衣青色，兵士勿论。女人以金宝为饰，服御罗绮，佩带诸香。至四十及未四十而寡者，即屏去，衣素衣。酒以葡萄酿成，不杂他物，可积至数十年。膏油之类，味美者曰阿利袜，是树头果，熟后全为油。

【译文】

土地肥沃，生产各种谷物，尤以小麦为重，水果丰富多样。出产五金，用金、银、铜铸币。衣服有丝绸制成的，也有天鹅绒、织金缎等制成的；以及有羊绒制成的毯子、披风、外衣等。还有利诺草制成的布，细而坚韧，轻巧光滑，也可以打成纸，非常坚韧。君臣的冠服各有差别，见面时要脱帽行礼。男子二十岁以上通常穿青色衣服，士兵除外。女子佩戴金饰，穿着华丽的丝绸服装，佩戴各种香料。四十岁以上或未婚的人，则要将首饰除去，穿素衣。酒用葡萄酿成，纯正无杂质，可以储存数十年。膏油类的美味食品称为阿利袜，是一种树果，成熟后全部变成油。

【原文】

国俗多酒会，客不劝酒，偶犯一醉，终身以为辱。饮食用金、银、玻璃及磁器。其屋有三等，最上者纯以石砌；其次砖为墙柱，木为栋梁；其下土为墙，木为梁柱。石屋、砖屋，筑基最深，上累六七层，高至十余丈。瓦或用铅，或轻石板，或陶瓦、砖石屋，历千年不坏。墙厚而实，冬不寒，夏不溽。其工作制造，备极精巧。其驾车，国王用八马，大臣六马，其次四马或二马，乘载骡、马、驴互用。战马皆用牡，骟过则弱不堪战矣。

【译文】

举办酒会是各国风俗，客人不会被逼饮酒，偶尔一次醉酒会被视为终身耻辱。食物用金、银、玻璃和瓷器盛放。住房分为三等，最上等的用石头砌成，次等的用砖石做墙柱，木材做梁柱，最下等的用土墙，木材做梁柱。石屋、砖屋的地基最深，楼层多达六七层，高达十几丈。瓦片有铅质的，也有轻石板、陶瓦、砖石的，房屋经得起千年不坏。墙壁厚而坚实，冬天不寒冷，夏天不潮湿。工艺制造非常精巧。驾驶马车时，国王使用八匹马，大臣使用六匹马，其他人使用四匹或两匹马，同时使用骡、马和驴。战马都使用雄马，绝育的马太弱无法战斗。

欧逻巴洲

选自《坤舆全图》清代木版笔彩本　收藏于日本神户市立博物馆

【原文】

诸国皆尚文学，国王广设学校，一国一郡有大学、中学，一邑一乡有小学。小学选学行之士为师，中学、大学又选学行最优之士为师。生徒多者至数万人。其小学曰文科，有四种，一古贤明训，一各国史书，一各种诗文，一文章议论。学者自七八岁学至十七八，学成，本学师儒试之，优者进于中学。曰理科，有三家，初年学辨是非之法，二年学察性理之道，三年学察性理以上之学。学成，本学师儒又试之，优者进于大学。乃分为四科，听人自择，一曰道科，主兴教化；一曰教科，主守教法；一曰治科，主习政事；一曰医科，主疗疾病。皆学数年而后成。学成，师儒又严考阅之，一师问难毕，又轮一师，一人遍应诸师之问。如是取中，便许任事。学道者专务化民，不与国事。治民者秩满后，国王遣官察其政绩，廉得其实，以告于王而黜陟之。凡四科官禄入皆厚，养廉有余，尚能推惠贫乏，绝无交贿行赂等情。

【译文】

各国都重视文学，国王广泛设立学校，每个国家、每个郡有大学和中学，每个市镇、每个乡村有小学。小学的教师选取学问行为端正的人，中学和大学则选取最优秀的学者为师。学生人数多达数万人。小学称为文科，有四种类型，一是古代贤明的规训，二是各国历史书籍，三是各种诗文，四是文章和议论。学生从七八岁开始学习，到十七八岁结束，学成后由本校的儒师组织进行考试，优秀者可以进入中学。中学就叫理科，理科分为三个阶段，第一年学习辨别是非的方法，第二年学习观察性理论，第三年学习高级理论。学成后，本校儒师再次组织进行考试，优秀之人进入大学，大学分四科，由自己选择科目，一是主要教化人民，二是教育，主研教学之法，三是管理，主攻国家政事，四是医科，主要治疗疾病，数年后，学生学成，再次由本校儒师严格考察，一个儒师问完问题后，另一个儒师接着问，一个人要回答完所有儒师的问题。如此取得中等成绩，便可被任命工作。学习道德的人专门从事培养民众，不参与国家事务。治理民众的人职期满后，国王派官员考察其政绩，是否廉洁公正，将结果报告给国王并依此进行升迁。所有四科官员的待遇都很丰厚，收入充裕，能够慷慨帮助贫穷的人，绝无收受贿赂等情况。

【原文】

诸国所读之书，皆古圣贤撰著。一以天主经典为宗，即后贤有作，必合大道、益人心，乃许流传。设检书官，经看详定，方准刊行。毋容一字蛊人心、坏风俗者。诸国奉天主教，皆爱天主万物之上，及爱人如己，故国人俱喜施舍。千余年来，未有因贫鬻子女者，未有饥饿转沟壑者。在处皆有贫院，专养一方鳏寡孤独及残疾之人。又有幼院，专育小儿。凡贫者无力养赡，送至院，院墙穴设有转盘，内外不相见。扣墙，则院中人转儿入。异日父母复欲妆养，按所入之年月，便得其子。又有病院，大城多至数十所，有中、下院，处中、下人，有大人院，处贵人。凡贵人若羁旅，若使客，偶患疾病，则入此院，倍美于常屋。所需药物，悉有主者掌之，预备名医诊视。复有衣衾帷幔，调护看守之人，病愈而去。贫者量给资斧。此乃国王大家所立，或城中并力而成，月轮一大贵人，总领其事。

【译文】

各国所读的书籍都是古代圣贤所著。以天主教经典为主导，后来的贤者所著之书必须符合大道、有益于人心，才被允许传播。设立书籍审核官，经过详细审查后才准许出版。不容许有一字误导人心、破坏风俗。所有奉行天主教的国家都敬爱上帝，也爱人如己，因此国民都乐善好施。千余年来，从未有因贫穷而卖儿卖女的情况，也从未有饥饿而陷入困境的情况。每个地方都设有贫穷救济院，专门养育无妻、无夫、无父、无子和残疾的人。还有幼儿院，专门培养小孩。凡是贫穷无力养育孩子的人，送到院中，院墙上设有转盘，院内院外不相见。将孩子放入转盘敲击墙壁，院中的人便将孩子转入。父母日后如果想要领养孩子，按照入院的年月，便可以找到自己的子女。另外还有医院，大城市中有数十所，分为中级和下级医院，处理中等和下等人的问题，还有大人医院，处理贵族人的问题。凡是贵族人如果在旅途中，偶然患病，就可以进入这些医院，比普通住宅更加舒适。所需的药物由专人管理，且有名医进行诊治。还有提供衣物、帷幔和护理的人，病愈后方可离开。对于贫穷者，提供适当的资助。这些都是由国王和城市共同努力建立的，每月轮流由一位重要的贵族负责总领国家事务。

【原文】

各城邑遇丰年，多积米、麦，饥岁以常价粜之。人遇道中遗物，或兽畜之类，必觅其主还之；弗得主，则置之公所，听失者来取，如符合，即送复。国中有天理堂，选盛德宏才，无求于世者主之，凡国家大举动、大征伐，必先质问合天理否，以为可，然后行。诸国赋税不过十分之一，民皆自输，无征比催科之法。词讼极简，小事里中和解，大事乃闻官。官设三堂，先诉第三堂；不服，告第二堂；又不服，告第一堂；终不服，上之国堂。经此堂判后，人无不听理。凡官府判事，不先事加刑，必俟事明罪定，招认允服，然后刑之。吏胥饩廪亦出于词讼，但因事大小、多寡，立有定例，刊布署前，不能多取。故官无恃势剥夺，吏胥无舞文诈害。

封内绝无战斗，其有邪教异国，恃强侵侮，不可德驯，本国除常设兵政外，复有世族英贤，智勇兼备者数千人，结为义会，以保国护民。初入会时，试果不惮诸艰，方始听入。遇警则鸠集成师，一可当十，必能灭寇成功。

【译文】

　　各城市在丰年时会多积存米和小麦，饥荒年份则以平价卖出。当人们在路上捡到遗失物品，无论是动物还是其他物品，必定寻找失主归还；如果找不到失主，就放置在公共场所，通知失主前去认领，符合条件的即予以归还。国内设有天理堂，选举德才兼备、对世事无所求的人担任。对于国家的重大活动和战争，必须先询问是否符合天理，认为可以行动后才进行。各国的赋税不超过总产值的十分之一，民众都自愿缴纳，没有征收过多税款的法规。诉讼的程序非常简洁，小事情在地方解决，大事情则由官员处理。官府设立三个法庭，起诉先去第三法庭，不服再告到第二法庭，再不服就告到第一法庭。最终不服者可以上诉到国家法庭。经过这些法庭的审判，人们都能听从合理的判决。凡是官府判事都不会在未判决前就加以刑罚，必须等到事实明确、罪行确认，主动招认并服从后才会进行刑罚。官吏们的薪水也来自诉讼，但根据事情的大小多少有一定的规定，在官方公布之前，不能过多索取。因此，官员没有凭借权势剥削他人的行为，官吏也没有用虚假文书欺害别人。

　　国内绝对不会发生战斗，如果遇到邪教或外来国家恃强侵略，不守德行，本国除了常设的军事机构外，还有数千名世家贤者，他们聪明勇敢，既有智慧又有勇气，结成义会，以保护国家和人民。初次加入义会时，要经历各种艰苦的考验，方才能够入会。一旦国家遇到危险，他们会集结起来，一人可当十人，必定能够成功地消灭敌寇。

以西把尼亚

【原文】

欧逻巴之极西，曰以西把尼亚。周一万二千五百里，世称天下万国，相连一处者，中国为冠；若分散于他域者，以西把尼亚为冠。其地三面环海，一面临山。产骏马、五金、丝、棉、细绒、白糖。国人好学，有共学二所，远近学者聚焉。

【译文】

欧洲最西边的国家，称为以西把尼亚。其周长一万二千五百里，被世人称为天下万国。若是以连成一片的大陆面积领土来比较，中国为最大；若是以领土分散的情况来比较，则以西把尼亚为最分散。这片土地三面环海，一面临山。出产优良的马匹、五金、丝绸、棉花、细绒和白糖。国民热爱学习，设有两所学校，吸引了远近的学者聚集。

【原文】

国中有二大名城，一曰色未利亚，近地中海，为亚墨利加诸舶所聚。金银如土，奇物无数。多阿利袜果，有一林，长五百里者。一名多勒多城，在山巅，运水甚艰。巧者制一水器，盘水至城，不赖人力。其器昼夜自能转动。又有浑天象，其大如屋，人入其中，见各重天之运动，其度数皆与天合。

【译文】

国内有两座有名的城市，一座名为色未利亚，靠近地中海，是美洲船只的聚集地。金银像土石一样多，奇珍异宝数不胜数。有一片阿利袜果林，长达五百里。另一座城名为多勒多城，坐落在山巅，往上运水十分困难。有能工巧匠制造了一种水器，将水从山下运送至城内，不依赖人力。这个器具昼夜自动转动。还有一个天文仪器叫浑天象，它巨大如屋，人可以进入其中，看到天体的运行方式，其测度与天空吻合。

【原文】

境内有河，曰寡第亚纳，伏流地中百余里。穹窿若桥梁，其上为牧场，畜牛、羊无算。国中天主堂虽多，有一创建极美，在多勒多城，金宝祭器数千。有精巧银殿，高丈余，阔丈许，内复有小金殿，高数尺，其工费又多于本殿金银之数。近来国王又造一大堂，高大奇巧无比。修道之士环居，内有三十六祭台，中台左右有编箫二座，中各有三十二层，每层百管，管各一音，合三千余管，凡风雨波涛，呕吟战斗与百鸟之声，皆可模仿。

【译文】

境内有一条河流名为寡第亚纳，在地上蜿蜒百余里。它的穹窿如同桥梁，上面是牧场，放养了无数的牛和羊。国内虽然有许多天主教堂，但其中有一座建筑极为精美，在多勒多城内，殿内金银祭器数以千计。还有一座精巧的银殿，高十余尺，宽约一丈，内部还有一个小金殿，高数尺，制作费用甚至超过了本殿费用。最近国王还建造了一座宏大而奇特的大厅。修道士环绕其居，内设有三十六座祭坛，中间的祭坛两侧有编箫，它有三十二层，每层都有百根箫管，共计有三千余根箫管，编箫能模仿风雨波涛、悲鸣战斗和百鸟之声。

【原文】

　　以西把尼亚属国，大者二十余，中下共百余。本国之西有波尔杜瓦国，都城有得若大河入海，四方商舶皆聚，为欧逻巴总会之地。产果实、丝、棉极美，水族亦繁。出葡萄酒最佳，过海至中国不坏。国中共学二所，其讲学名贤，经国王所聘，虽已辍讲，亦终身给禄。欧逻巴高士多出此学。

【译文】

　　以西把尼亚的附属国，大的有二十余个，中小共计百余个。本国的西部有波尔杜瓦国，都城有若干河流入海，各方商船都聚集于此，是欧洲的商会所在地。所产的果实、丝绸、棉花品质极好，水中生物也非常丰富，生产的葡萄酒是最优质的，通过海路运往中国不会变坏。国内设有两所学校，其讲学的名贤是国王聘请的，即使已经停止授课，也终身领取薪俸。欧洲的学士大多出自这些学府。

【原文】

　　又有一地，界两河，周围七百里，天主堂一千四百八十所，水泉二万五千，石桥二百，通海大市六处，随处立有仁会，遍恤孤寡茕独。国王复遣官，专抚孤子。欧逻巴初通海道，周经利未亚，过大浪山，抵小西洋，至中国贸易者，从此国始。

【译文】

还有一个地方在两河之间，占地七百平方公里，有一千四百八十座天主教堂，二万五千个泉眼，两百多座石桥，城市中有六处大市场能够通向海洋，随处设有仁会，关爱孤寡孩童。国王派遣官员专门照料孤儿。欧洲最早的海上道路，从此国开始，经过了利未亚，绕过了大浪山，抵达小西洋，开始与中国进行贸易。

拂郎察

【原文】

以西把尼亚东北为拂郎察。周一万一千二百里，分十六道，属国五十。都城名把理斯，设一共学，生徒尝四万余，并他方学共七所。又设社院，以教贫士，一切供亿，皆王主之。中古一类斯圣王，恶回回占如德亚地，兴兵伐之，始制大铳。其国在欧逻巴内，回回遂称西土人为弗郎机，铳亦治此名。是国之王，天主特宠，自古迄今，皆赐一神能，以手抚人瘰疬疮，应手而愈。每岁一日疗人，先期斋戒三日。凡患此疾者，预集天主殿中，国王举手抚之，祝曰："王者抚汝，天主救汝。"抚百人，百人愈；抚千人，千人愈；其神异如此。国王元子，别有土地供禄食。他国不尔也。

国土膏腴，物力丰富，居民安逸。有山出石，蓝色，质脆，可锯为板，当瓦覆屋。国人性情温爽，礼貌周全，尚文好学。

【译文】

在以西把尼亚的东北方是一个名为拂郎察的地方。占地有一万一千二百

拂郎察（法兰西国）夷妇

选自《皇清职贡图》彩绘本　（清）傅恒等／编绘　收藏于法国国家图书馆

法蘭西國夷人

法蘭西一曰弗郎西即明之佛郎機也自古不通中國正德
中遣使請封貢不果後遂關入香山之澳門其人強橫精兵
械屢破呂宋滿剌加與紅毛中分美洛居擅閩粵海上之
利初奉佛教後奉天主教故澳門市易為大西洋所據其酋
居呂宋者近與紅毛之英吉利爭雄長而法蘭西亦少弱焉
夷人冠白巾加黑纏帽亦以脫帽為禮其服飾與大小西洋
呂宋略同夷婦妝束亦顧與荷蘭諸國相類

拂郎察(法兰西国)夷人

选自《皇清职贡图》彩绘本 (清)傅恒等/编绘 收藏于法国国家图书馆

平方公里，分为十六个行政区，五十个归属国家。首都名为把理斯，设有一所共学，学生人数达四万以上，还有其他地方共设有七所学校。此外还设有社院，用以教育贫困的人，一切开销都由国王承担。在古代，有一位圣王憎恶回回人占据了如德亚地区，兴兵征讨，开始制造大铳。该国位于欧洲内部，回回人于是称欧洲人为弗郎机，而大铳也以此命名。这个国家的国王在天主的特别宠爱下，自古至今都被赋予一件神物，能用手触摸人的瘰疬，使其立即痊愈。每年有一天国王会治疗人民，先进行三天的禁食。凡是患有这种疾病的人，提前聚集在天主殿中，国王举手触摸他们，祝福道："王者触摸你，天主拯救你。"触摸一百人，百人痊愈；触摸一千人，千人痊愈；这种神迹如此奇异。国王的儿子还拥有另外的土地，用来供养他的生活。其他国家没有这样的待遇。

这个国家的土地肥沃，物产丰富，居民生活安逸。有山脉产出蓝色的石头，质地松脆，可用来锯成板材，用作覆盖房屋的瓦片。国民性情温和，礼貌周全，崇尚文化，爱好学习。

意大里亚

【原文】

拂郎察东南，为意大里亚，周围一万五千里，三面环地中海，一面临高山。地产丰厚，物力十全，四远之人，辐辏于此。旧有一千一百六十六郡，最大者曰罗玛，古为总王之都，欧逻巴诸国，皆臣服焉。城周一百五十里，地有大渠，穿出城外百里以入于海，四方商舶，悉输珍宝，骈集是渠。教王居于此，以代天主。在世主教，皆不婚娶，永无世及。但凭盛德，辅弼大臣，公推其一而立焉。列国之王，虽非其臣，咸致敬尽礼，称为圣父神师，认为代天主教之君也。

凡有大事莫决，必请命焉。其左右，简列国才全德备，或即王侯至戚，五六十人，分领教事。罗玛城奇观甚多，宰辅家有一名苑，中造流觞曲水，机巧异常，有铜铸各类群鸟，遇机一发，自能鼓翼而鸣，各具本类之声。有一编箫，但置水中，机动则鸣，其音甚妙。又有高大浑全石柱，外周镂古王形像、故事，烂然可观。内则空虚，可容数人，登阶上下如塔然。圣伯多禄殿用精石制造，花素奇巧，可容五六万人，殿高处，视在下人如孩童。城中有大山曰玛山，人烟稠密。苦无泉，造一高梁，长六十里，梁上立沟，接远山之水。如通流河，有水泉，其味与乳无异。

【译文】

拂郎察的东南方是一个名为意大里亚的地方，周围约一万五千平方公里，三面环绕地中海，一面靠近高山。这片土地物产丰富，资源充足，各方人民都纷纷聚集于此。旧时有一千一百六十六个郡县，其中最大的是罗玛，曾为总王的都城，欧洲其他国家都向它臣服。城墙周长一百五十里，地方有一条大渠，延伸一百里处直通大海的城外，各方商船都纷纷输送珍宝，聚集在渠道之中。国王居住在这里，代表天主统治世间。主教们都不结婚，终身无后。国家依靠盛德，由伟大的臣子公推一位国王继位。其他国家的君主，虽然不是他的臣子，都向他表示敬意，尊称为圣父神师，视其为代表天主教的君主。凡是有重大事务需要决策，都必须请示国王。国王的左右近臣中聚集了各国才华出众、品德完备的人，其中有王侯、亲戚，总共五六十人，分别负责教务事项。罗玛城内有很多奇观，宰辅的家中有一个名为苑的地方，其中有曲水流觞的设计，极其巧妙，有铜铸成的各种鸟群，一触即发，能自动拍动翅膀并发出本种鸟的鸣叫声。还有一支编箫，只要放置在水中，就会发出非常美妙的音乐。此外还有高大而精美的石柱，外面雕刻着古代君王的形象和历史故事非常壮观。内部是空的，可以容纳数人，登上山顶，就像是登上了一座塔。圣伯多禄大殿采用精细的石材建造，花纹奇巧，可以容纳五六万人，站在殿内高处俯视下方的人犹如看待孩童。城中还有一座名为玛山的大山，人口稠密，但缺乏泉水，因此建造了一座长达六十里的高梁，梁上设有沟渠，引来远山的水源。类似河流一样有水泉，其味道与牛奶无异。

【原文】

西北为勿搦祭亚，无国王，世家其推一有功德者为主。城建海中，有一种木为椿，入水千年不朽，其上铺石造屋，备极精美。城内街衢俱是海，两旁可通陆行。城中有艘二万，又有桥梁极阔，上列三街，俱有民居，不异城市。其高可下度风帆。国中精于造舟，预庀物料，一舟指顾可成。造玻璃极佳，甲于天下。有勿里诺湖，在山巅，从石峡泻下，声如迅雷，闻五十里，日光耀之，恍惚皆虹霓状。又有沸泉、温泉。沸泉常沸，高丈余，不可染指，投畜、物于内，顷刻便糜烂。温泉，女子或浴或饮，不生育者生育，育者多乳。所产铁矿，掘尽，逾二十五年复生。在本土，任加火力，终不熔；之他所则熔。

【译文】

西北方是一个名为勿搦祭亚的地方，没有国王，世家们会推选一位有功德的人作为主宰。城市建在海中，有一种木材叫椿木，入水千年不朽，上面铺设石头建造房屋非常精美。城内的街道都是海水，两旁是可以通行的陆地。城中有两万艘船只，还有宽阔的桥梁，上面有三条街道，都有民居，犹如城市一般。城墙高度可超过风帆。在这个国家，人们擅长制造船只，提前准备好所需的材料，一艘船的构建只需指挥一下就能完成。他们制造的玻璃品质非常好，在全世界独树一帜。还有一个名为勿里诺湖的湖泊位于山巅，从石峡中倾泻而下，声如迅雷，能听到五十里之外，阳光照射下，仿佛彩虹般绚丽。还有沸泉和温泉。沸泉常常沸腾，高度超过丈余，不可触摸，投入动物或物品，片刻之间就会熔烂。温泉为女子洗浴或饮用的地方，不能生育的人能够生育，已经生育的人乳汁丰富。这个地方出产铁矿，挖掘完后超过二十五年会再生。在本土加热不会熔化，而在其他地方则会熔化。

【原文】

其南为纳波里。地极丰厚，有火山，昼夜出火，爆石弹射他方，至百里外。后移一圣人遗蜕至本国，其害遂息。

【译文】

在它南方是一个名为纳波里的地方。这里土地肥沃，有火山，昼夜喷发火焰，熔岩能弹到百里之外的地方。后移来一位圣人遗蜕到这个国家，火山才停止喷发。

【原文】

又地名哥生济亚，有两河，一河濯发则黄，濯丝则白。一河濯丝、发皆黑。外有博乐业城，昔二大家争为奇事，一家造一方塔，高出云表，以为无可逾。一家亦建一塔，与前塔齐。第彼塔直耸，此则斜倚若倾，今历数百年未坏，直耸者反将颓。

【译文】

另外还有一个地方名叫哥生济亚，有两条河流，一条河流洗发则呈黄色，洗丝则呈白色。另一条河流洗发和丝都是黑色。外面有一个城市名叫博乐业，过去两个大家族为争夺奇迹，一家族建造了一座方塔，高出云端，认为无人能超越。另一家族也建造了一座塔，与前者齐高，但前一座塔高耸直立，而这座塔倾斜如将倒。如今已经过去数百年，倾斜的塔没有崩坏，而直立的塔反而开始崩颓。

【原文】

又有城名把都亚，中有公堂，纵二百步，横六十步，上为楼，铅瓦，中间无一柱。又把儿玛一堂，广可驰马，亦无一柱，惟以梁如人字相倚，寻丈至盈尺皆然。上压愈重，下挺持愈坚。从纳波里至左里城，石山相隔，国人穴出通道，长四五里，广容两车，对视如明星。

【译文】

另外还有一个名为把都亚的城市，中间有一座公堂，纵向二百步，横向六十步，上面是楼阁，铅灰瓦，没有一根柱子作为支撑。还有把儿玛一座公堂，宽阔到可以驰马，也没有一根柱子，只是用梁木像人字形相倚靠，长短都是如此。上方压力越大，下方的支撑越坚固。从纳波里到左里城，被石山隔开，国民挖掘出地下通道，长四五里，宽容两辆车，对面望去就像明星一样明亮。

【原文】

又有地出火，四周皆小山，山洞甚多，入内可疗病。各主一疾，如欲汗者，入某洞则汗至；欲除湿者，入某洞则湿去。

128

【译文】

　　另外还有一些地方会喷火，四周都是小山，山洞很多，进入其中可以治疗疾病。每个人都有自己的一种疾病，如果想出汗，进入某个洞穴就会出汗；如果想去湿气，进入某个洞穴湿气就会祛除。

【原文】

　　意大里亚名岛有三，一西齐里亚。地极富庶，亦有大山喷火，山四周多草木，积雪不消，常成晶石。沸泉如醋，物入便黑。国人最慧，善谈论，最精天文，造日晷法自此地始。有巧工，德大禄者，造百鸟能飞，即微如蝇虫亦能飞。更有天文师名亚而几墨得者，有三绝。昔敌国驾数百艘临其岛，彼则铸一巨镜映日，注射敌艘，光照火发，数百艘一时烧尽。又其王命造一极大舶，舶成，将下海。虽倾一国之力，用牛、马、骆驼千万，莫能运。几墨得营运巧法，第一举手，舟如山岳转动，须臾下海。又造一自动浑天仪，十二重，层层相间，七政各有本动，凡日、月、五星、列宿，运行迟疾，与天无二。以玻璃为之，重重可透视。旁近有玛儿岛，不生毒物，蛇、蝎等皆不螫人，毒物自外至辄死。一哥而西加有三十三城，产犬能战，一犬可当一骑。其国布阵，一骑间一犬，反有骑不如犬者。又近热奴亚一鸡岛，满岛皆鸡，自生自育，绝非野雉之属。

【译文】

　　意大里亚这个国家有三个出名岛屿，其中一个是西齐里亚。这个地方非常富饶，也有火山喷发，山的四周有很多草木，积雪不会融化，常常形成晶石。沸泉像醋一样，物品一投入就会变黑。这个国家的人最聪明，善于辩论，对天文学最精通，制作日晷的方法也起源于此地。还有一位巧工名叫德大禄，他制造的百鸟会飞，即使微小如苍蝇的鸟也能飞行。还有一位天文学家名叫亚而几墨得，有三项绝技。过去敌国派出数百艘船来攻打他们的岛屿，他们就铸造了一面巨大的镜子，借助太阳的反射，将光线聚焦在敌船上，船燃起火焰，数百艘船瞬间烧毁。他们的国王命令造一艘极大的船，船只建成后准备下海。即使动用了整个国家的力量，使用了成千上万头牛、马和骆驼，也无法将船只运输到海里。但是亚而几墨得运用巧妙的方法，只需一举手，船就像山岳一样转动，转眼间就下了水。他们还制造了一台自动的浑天仪，共有十二层，层层相间，七个运动构件各自运行，太阳、月亮、五星和星座的运行速度，与天空一模一样。浑天仪是用玻璃制成的，每一层都能看到。附近还有玛儿岛，岛上没有毒物，蛇、蝎子等毒物都不会咬人，但外来的毒物一上岛就会死亡。另外，哥而西加附近有三十三个城市，那里豢养的狗还会打仗，狗可以当坐骑使用。他们的国家在排兵布阵时，一名骑士中间有一只狗间隔排列，有些骑士还不如狗有战斗力。靠近热奴亚的一座鸡岛，整个岛屿上鸡的数量非常多，自生自育，但绝不是野鸡。

热尔玛尼亚

【原文】

　　拂郎察东北，有国曰热尔玛尼亚。国王不世及，乃七大属国之君所共推者。或用本国臣，或用列国君，须请命教王立之。国中设共学十九所。冬月极冷，善造暖室，微火温之遂暖。土人散处各国为兵，极忠实，至死不贰。各国护卫宫城，或从征他国，皆选此国人充之。工作精巧，制器匪夷所思，能于戒指内纳一自鸣钟。多水泽，冰坚后用一种木屐，两足蹑之，一足立冰上，一足从后击，乘滑势，一激数丈。其行甚速，手中尚不废常业。

【译文】

拂郎察的东北有一个国家，名叫热尔玛尼亚，国王的继承不限于世袭，而是由七个属国的君主共同推举产生。他们可以选择本国的臣民或其他国家的君主，但需要请示国王批准。国内设有十九所学校。这个国家冬天非常寒冷，他们擅长建造温暖的房间，并用微火加热以保持温暖。这个国家的百姓散居在各个国家当兵，他们作为士兵非常忠诚，甚至在死亡面前也不会背叛。各个国家都会选择他们来保护宫城，或参加对其他国家的征战。他们的手艺非常精巧，能够制作出匪夷所思的器物，甚至可以将一个自鸣钟放入戒指内。这个国家有很多水泊，等冰冻硬后他们会穿着一种木屐，用两只脚来行走，一只脚站在冰上，另一只脚从后方击打以滑行，能够滑行数丈远。他们的滑行速度非常快，日常的工作也从未中断。

【原文】

又有法兰哥地，人最质直易信。行旅过者辄詈之，客或不答，则大喜，延入，具酒食。谓此人已经尝试，可信托也。多葡萄，善造酒。但沽与他方过客，土人滴酒不入口。即他国载酒，至不容入境。

其属国名波夜米亚者，地生金，掘井恒得金块，有重十余斤。河底常有金，如豆粒。有罗得林日亚国，最侈汰，其王一延客堂，四周皆列珊瑚、琅玕交错，俨一屏障。有一大铳，制作极巧，二刻间连发四十次。

【译文】

另外有一个叫法兰哥的地方，那里的人最为直率和易于信任。当有旅行者经过时，常常被辱骂，如果客人没有回应，他们反而会非常高兴，并邀请客人进去享用酒食。他们认为这样的人已经经历了考验，值得信赖。那里盛产葡萄，擅长酿造葡萄酒。但是他们只向其他地方的过客出售酒，本地人不喝酒，即使有载有其他国家的酒的船只，也不会被允许入境。

它的属国名叫波夜米亚，那里出产金子，挖井总能找到金子。金块有时重达十几斤，河底常有像豆粒一样大小的金子。还有一个叫罗得林日亚的国家，非常奢华，国王的宴客厅四周都装饰着珊瑚和琅玕，如同一个屏障十分华丽。那里还有一门制作非常巧妙的大炮，可以在两刻钟内连续发射四十次。

拂兰地亚

【原文】

亚勒马尼亚西南为拂兰地亚，地不甚广，人居稠密。有大城二百八十，小城六千三百六十八。共学三所，一学分二十余院。人乐易温良，好谈论，妇人贸易，无异男子。其性贞洁，能手作错金绒，不烦机杼。布最轻细，皆出此地。

【译文】

亚勒马尼亚的西南方是一个叫拂兰地亚的地方，地域不算广阔，但人口密集。有二百八十个大城市和六千三百六十八个小城镇。共设有三所学校，每个学校分为二十多个院落。人民喜欢和平，生性温柔友善，善于交谈，妇女从事贸易，和男子无异。他们性格纯洁，善于手工制作贵重的金绒，不需要复杂的机械设备。此地出产的布料最轻最细。

波罗泥亚

　　亚勒玛泥亚东北曰波罗泥亚。地丰厚，多平衍。皆蜜林，采之不尽。产盐，味极厚，光如晶。其人美秀和朴，礼宾笃备，绝无盗贼。国王不传子，听大臣择立贤君。世守国法，不变分毫。亦有立子者，须王在位时预拟；非预拟不得立。国中分为四区，区居三月，一年而遍。地甚冷，冬月海冻，行旅于冰上历几昼夜，望星而行。

　　其属国波多理亚，地易发生，种一岁有三岁之获。草菜三日便长五六尺。海滨出琥珀，是海底脂膏从石隙流出，初如油，天热浮海面，见风始凝；天寒出隙便凝。每为大风冲至海滨。

【译文】

　　亚勒玛泥亚东北有个地方叫波罗泥亚。那里土地肥沃，平展开阔。到处都是密集的蜜蜂林，蜂蜜永远采不完。该地还产盐，咸味极重，光泽晶莹。那里的人美丽、聪明、朴实，非常重视礼仪，没有盗贼。国王不传位给子嗣，而是听从大臣的选择，选立贤明的君主。人们世世代代遵守国家法律，毫不改变。如果有要立嗣子的情况，必须在国王在位时提前计划；没有提前计划就不能立嗣子。国内分为四个区域，每个区域居住三个月，一年轮流遍及各地。该地冬天非常寒冷，海面会结冰，在冰上航行，需数昼夜，依靠观星来导航。

　　它的属国叫波多理亚，那里的土地非常肥沃，种植一年能收获三年的产量。草和蔬菜三天就能长到五六尺高。海滨产琥珀，那是海底脂膏从石隙中流出的物质。起初是液体状，天气热时会浮在海面上，见风后开始凝固；天气寒冷时从石隙中流出后立即凝固。每当大风来临时，琥珀就被冲到岸边。

大西洋波罗泥亚国夷妇

选自《皇清职贡图》彩绘本　（清）傅恒等／编绘　收藏于法国国家图书馆

大西洋波罗泥亚国夷人

选自《皇清职贡图》彩绘本　（清）傅恒等/编绘　收藏于法国国家图书馆

翁加里亚

翁加里亚在波罗泥亚南，物产极丰，牛羊可供欧逻巴一洲之用。有四水甚奇，其一从地中喷出即凝为石；其一冬月常流，至夏反合为冰；其一以铁投之便如泥，再熔又成精铜；其一水色沉绿，冻则便成绿石，永不化。

翁加里亚位于波罗泥亚的南部，物产非常丰富，牛羊可以满足欧逻巴一个大洲的需要。该地有四处异常奇特的水源，其中一处水从地下喷涌而出后凝固成石；一处冬天常年流动，夏天则结冰；一处当铁投入其中，就变得像泥一样，再次熔化后变成精制铜；还有一处水的颜色呈深绿色，结冰后变成绿色的石头，永不融化。

大西洋翁加里亚国夷妇

选自《皇清职贡图》彩绘本 （清）傅恒等/编绘 收藏于法国国家图书馆

大西洋翁加里亞國夷人

銀銅鐵等物取之不竭
巧出門必設紗綾裁面物産極豐牛羊可供他州之用金
常帶彎刀長四尺每在馬上舞試婦人能通文字刺繡工
束縛褲襪有如行縢極賴悟尚禮甚幼習馳馬短蹻善奔
翁加里亞國在波羅泥亞國南其人彷彿蒙古衣服甚短
大西洋翁加里亞國夷人

大西洋翁加里亚国夷人

选自《皇清职贡图》彩绘本　（清）傅恒等/编绘　收藏于法国国家图书馆

大泥亚诸国

【原文】

欧逻巴西北有四大国：曰大泥亚，曰诺而勿惹亚，曰雪际亚，曰鄂底亚①，与热尔玛泥亚相隔一海，套道阻难通。其南夏至日长六十九刻，其中长八十二刻，其北夏至日轮横行地面，半年为一昼夜。地多山林，产兽及海鱼，极大。

其大泥亚国沿海产菽、麦、牛、羊最多，牛输往他国，岁常五万。海中鱼蔽水面，舟为鱼拥，辄不能行。不借网罟，随手取之不尽。本国一世家名第谷，建一台于高山绝顶，以穷天象。究心三十余年，累黍不爽，所制窥天之器，穷极要渺，今为西土历法之宗。

其诺而勿惹亚，寡五谷，山林多材木、鸟兽，海多鱼鳖。人性驯厚，喜接远方宾旅。昔时遇客侨居者，不索物价，今稍需即餍足。其地绝无盗贼。

雪际亚地分七道，属国十二，欧逻巴北，称第一富庶，多五谷、五金、财货、百物，贸易不以金银，以物相抵。人好勇，亦善遇远方人。

鄂底亚在雪际亚之南，亦繁庶。

【注释】

① 鄂底亚：即爱沙尼亚。

【译文】

欧逻巴的西北方有四个大国，分别是大泥亚、诺而勿惹亚、雪际亚和鄂底亚。它们与热尔玛泥亚隔着一片海洋，交通困难。在欧逻巴的南方，夏至这天白昼长达六十九刻，在赤道长达八十二刻；在欧逻巴的北方，夏至日太

瑞國夷人

瑞亦荷蘭屬國貿易於粵其脫帽為禮與荷蘭相類短衣革
履常執藤鞭衛身或婦方領露胸衣外束裙摺袖舒袂以革
為履底綴方木似屐喜以金鑲合貯鼻煙時時吸之

瑞国夷人

选自《皇清职贡图》彩绘本　（清）傅恒等／编绘　收藏于法国国家图书馆

瑞国夷妇

选自《皇清职贡图》彩绘本　（清）傅恒等／编绘　收藏于法国国家图书馆

阳横穿地面，半年为一个昼夜。这个地区有很多山林，出产体形庞大的野兽和海鱼。

其中，大泥亚国沿海产菽麦、牛羊数量最多，每年输往其他国家的牛羊达到五万头。海中鱼群密布，船只被鱼群围住，无法前行。因此人们捕鱼时不需要用网或渔网，随手就能捕捉，取之不尽。本国有一个世家名为第谷，在高山顶上建立了一座天文台，用以观测天象。经过三十多年的苦心研究，所制作的观天仪器达到了极致微妙程度，现在成为西方历法的基石。

其中，诺而勿惹亚的五谷产量不多，山林中却有丰富的木材、鸟兽，海中有大量的鱼和鳖。人民性情温和，喜欢接待远方的宾客。过去对待侨居的客人，不向他们索要金钱，现在稍给一点就已满足。那里绝对没有盗贼。

雪际亚的土地划分为七个地区，有十二个属国，在欧逻巴北方被誉为最富庶的地方，出产五谷、五金、财宝，百货贸易发达，不以金银交易，而是以物品相抵。人们骁勇，也善待来自远方的人。

鄂底亚位于雪际亚的南部，同样繁华富庶。

厄勒祭亚

【原文】

厄勒祭亚在欧逻巴极南，地分四道，凡礼乐、法度、文字、典籍，皆为西土之宗。至今古经，尚循其文字。所出圣贤及博物穷理者，后先接踵。今为回回扰乱，渐不如前。其人喜啖水族，不尝肉味，亦嗜美酒。

东北有罗马泥亚国，都城周裹三层，生齿极众。城外居民绵亘二百五十里。一圣女殿，门开三百六十，以象周天。附近有高山，名阿零薄，山顶终岁清明，无风雨。有河水，一名亚施亚，白羊饮之变黑。

一名亚马诺，黑羊饮之变白。有二岛，一为厄欧白亚，海潮一日七次。一为哥而府，围六百里。出酒与油蜜极美，遍岛皆橘、柚、香橼之属，更无别树。天气清和，野鸟不至。

【译文】

厄勒祭亚位于欧逻巴的最南部，分为四个地区，所有的礼乐、法度、文字和典籍都是西方的源头。迄今为止，古代经典仍然使用其文字。圣贤和格物致知的学者层出不穷，然而，现在该地受到回回人的干扰，逐渐不如过去兴盛。这个地区的人们喜欢食用水产、海鲜，不吃肉，也爱好美酒。

东北方有一个国家叫罗马泥亚，其首都环绕着三层城墙，人口众多。城外有人烟的地方绵延二百五十里。有一座圣女殿，门户有三百六十扇，象征着天周。附近有一座高山，名为阿零薄，山顶终年晴朗，无风雨。有两条河流，一条亚施亚，白色的羊饮水后毛色变黑，一条名为亚马诺，黑色的羊饮水后毛色变白。还有两个岛屿，一个叫厄欧白亚海，海潮一天涨落七次。另一个叫哥而府，占地六百平方公里。这些岛屿盛产美味的酒和蜂蜜，岛上遍布橘子、柚子和香橼等树木，没有其他种类的树。岛上天气宜人，野鸟也不常来此地。

莫斯哥未亚

【原文】

亚细亚西北尽境有大国，曰莫斯哥未亚。东西万五千里，南北八千里，中分十六道。有窝儿加河最大，支河八十，皆为尾闾，以七十余口入北高海。兵力甚强，日事吞并。其地夜长昼短，冬至日止二时。气候极寒，雪下坚凝，行旅驾车度雪中，马疾如飞。室宇多用火温。行旅为严寒所侵，血脉皆冻，如蓦入温室，耳、鼻辄堕。每自外来者，先以水浸其躯，俟僵体渐苏，方可入温室。八月至四月皆衣皮裘。

【译文】

　　亚细亚的西北边境有一个大国，名为莫斯哥未亚。该地东西宽一万五千里，南北长八千里，分为十六个地区。其中最大的河叫窝儿加河，支流有八十条，其中七十余条支流都汇入北高海。该国拥有强大的兵力，经常吞并别国领土。这个地区的夜晚很长，白昼很短，冬至日的白昼只有两个时辰。气候极为寒冷，雪落到地面上后凝结坚硬，行人乘车穿越雪地，马匹奔驰如飞。人们的屋舍多生火来保暖。在户外行走受到严寒侵袭，血液凝结，若进入温暖的房间耳朵和鼻子就会掉下来。每次有从外国来的人，先要用水浸泡身体，等待僵硬的身体逐渐复苏，才能进入温室。每年从八月到四月，人们都穿着皮裘。

【原文】

　　多兽皮，如狐、貉、貂鼠之属，一裘或至千金者。熊皮为卧褥，永绝虮虱。产皮处用以充赋税。国多盗，畜猛犬噬之。昼置阱中，夜闻钟声始放，人亟匿影闭户矣。今亦稍信天主真教，其王常手持十字。

　　俗最浇，凡贸易须假托外邦商贾，方取信国人。若言本土，则逆其诈。有大钟，摇非三十人不能，惟国王即位及诞日鸣之。所造大铳长三丈七尺，用药二石，内容二人扫除。又有密林，其树悉为蜂房，国人各界其树为恒产。

【译文】

鄂罗斯国官妇

选自《皇清职贡图》彩绘本 （清）傅恒等/编绘 收藏于法国国家图书馆

鄂罗斯国夷官

选自《皇清职贡图》彩绘本 （清）傅恒等／编绘 收藏于法国国家图书馆

鄂罗斯国夷妇

选自《皇清职贡图》彩绘本 （清）傅恒等／编绘 收藏于法国国家图书馆

鄂雕斯夷人
鄂雕斯地有八道拥為斯科每一斯科又各分小斯科俱設
官管轄其民聚處城堡居止有廬舍水陸有舟車服飾罈喜
飲酒盾麥為餅不飯食性驕貪得尚詐屠自國王至庶民
有四季大齋數十日

鄂罗斯国夷人

选自《皇清职贡图》彩绘本　（清）傅恒等／编绘　收藏于法国国家图书馆

这个国家盛产各种兽皮，如狐狸、貉、貂鼠等动物的皮毛，一件皮裘有时价值高达千金。熊皮可用作寝褥，能永远不生虱蚤。生产兽皮的地方上缴赋税。这个国家盗贼众多，人们豢养烈犬来咬他们。人们白天将烈犬放入地井中，夜晚听到钟声后才放出，于是人们赶紧关闭门窗躲到屋子里。如今他们逐渐信仰天主教，国王常常手持十字架。

在这个国家最为普遍的是虚伪炫耀，所有的贸易都需要借助外国的商人和贾绅，才能够赢得国人的信任。如果自称本地人，反而会遭受国人怀疑。他们有一座大钟，需要三十个人才能摇动，只有国王登基和生日时才会敲响。他们还制造了一门长三丈七尺的大炮，使用两石的火药，需要两个人来清理。此外，该国还有茂密的森林，所有的树都是蜂巢，国民将这些树隔离开，看作自己的财产。

地中海诸岛

【原文】

地中海有岛百千，其大者曰甘的亚，周二千三百里，古王造一苑囿，路径交错，一人不能出，游者以物识地，然后可入。生一草，名阿力满，能疗饥。地中海风浪，至冬极大难行。有鸟名亚尔爵虐，作巢于水次，一岁一乳，自卵至翼不过半月。此半月海必平静无风波，商舶待之以渡海。

【译文】

地中海中有成百上千的岛屿，其中最大的是甘的亚岛，占地两千三百平方公里，古代的国王建造了一个园林，路径交错，一旦进去就无法出来，只有通过物体标记来识别，然后才能进入。岛上生长着一种草药，名为阿力满，可以治疗饥饿。地中海的风浪在冬季非常大，出行十分困难。有一种鸟叫亚尔爵虐，它在水边筑巢，每年只生育一次，幼鸟从卵到长出翅膀，不过半个月的时间。在这半个月内，海洋必定平静无风浪，商船会等待这段时间渡过这片海域。

西北海诸岛

【原文】

欧逻巴西海迤北一带至冰海，海岛极大，曰谐厄利亚，曰意而兰大，其外小岛，不下千百。意而兰大气候极和，夏热不择阴，冬寒不需火。产兽畜最多，绝无毒物。有一湖，插木于内，入土一段化成铁，水中一段化成石，出水面方为原木。傍一小岛，岛中一地洞，常出怪异之形。

【译文】

欧逻巴西海北部一带直至冰海，其中有非常大的海岛，一个叫谐厄利亚，一个叫意而兰大，还有许多小岛，不计其数。意而兰大岛的气候非常温和，夏季炎热但无须去阴凉地方，冬季寒冷而不需要生火取暖。岛上野兽家畜的数量最多，没有有毒的东西存在。有一个湖，如果将一根木棍插入湖水中，插入湖底土壤的一段即变成铁，在湖底的一段则变成石头，露出水面的部分才是原来的木头。旁边有一个小岛，岛中有一个地洞，常常出现怪异的形状。

【原文】

谙厄利亚气候融和，地方广大，分三道。共学二所，共三十院。有怪石，能阻声，长七丈，高二丈，隔石发大铳不闻，名聋石。有湖长百五十里，广五十里，中容三十小岛。有三奇事：一奇鱼味甚佳，皆无鳍翅；二奇天静无风，倏起大浪，舟楫遇之无不破；三奇一小岛无根，因风移动，人弗敢居，草木极茂，孳息牛、羊、豕类极多。近有一地，死者不瘗，移尸于山，千岁不朽，子孙亦能认识。地无鼠，有从海舟来者，至此遂死。又有三湖，细流相通，其鱼不相往来。此水鱼误入彼水辄死。傍有海窖，潮盛时，吸其水永不盈；潮退，喷水如山高。当吸水时，人立其侧，衣沾水即随水吸入窖中；如不沾衣，虽近立亦无害。

【译文】

谙厄利亚的气候温和，地域广阔，分为三个地区，共有两所学校和三十个学院。岛上有一块长七丈，高二丈怪石，能够阻挡声音传播，隔着这块石头放炮声无法被听到，被称为聋石。有一个湖，长一百五十里，宽五十里，湖中有三十个小岛。该地有三个奇特的现象：一是鱼味道非常鲜美，且没有鳍和翅膀；二是天空无风，突然大浪涌起，凡是遇到这大浪的船只都被摧毁了；三是一个小岛漂在水面上，能随风移动，人们不敢居住，草木极为茂盛，牛、羊、猪等动物繁多。附近还有一个地方，死者不进行殡葬，将尸体移至山中，千年不朽，后代也能认出。那个地方没有老鼠，那里随船只进入该地的老鼠也不会存活。还有三个湖，彼此之间有水流能够联络，但鱼不往来，如果一种水中的鱼误入另一种水中就会死亡。旁边有一个海窖，涨潮时吸纳水流永远也不会满，退潮时会喷出如山高的水。当海窖进行吸水时，如果人站在旁边，衣服沾湿就会被吸入海窖，如果不沾湿衣服，即使站得很近也不会被吸入。

【原文】

　　迤北一带海岛极多，至冬，夜长，行路工作皆以灯。产貂类甚繁，皆以为衣。又有人长大多力，遍体生毛。牛、羊、鹿最众。犬最猛烈，可杀虎，遇狮亦不避。冬月海冰为风所击，涌积如山。山多鸟兽，水多鱼鳖，以鱼肉为粮，或磨成面，油燃灯，骨造舟车、屋室。皮可作船，遇风不沉不破，陆走负之而行。海风甚猛，拔树折屋，摄人物于他所。

　　又有小岛，其人饮酒不醉，年寿最长。近谙厄利亚国，为格落兰得，其地多火，以砖石障之，仍可居。或宛转作沟通火，火焰所至，便置釜甑，熟物不须薪火，亦终古不灭。

【译文】

　　北部海岛非常多，到了冬季夜晚漫长，长途旅行和劳动都要借助灯光。貂类动物非常繁盛，它们的皮毛被用来制作衣物。人们都穿貂皮制成的衣物，还有些人身体长满了毛发，非常高大有力气。牛、羊、鹿的数量最多。狗非常凶猛，能杀死老虎，遇到狮子也不退缩。冬季海冰被风吹打，随风涌至岸边堆积如山。山上有很多鸟兽，水中有很多鱼和龟，因此当地人以鱼肉为主要食物，有时磨成面粉，鱼油用于点灯，骨头则用来制造船只、车辆和房屋。鱼皮可以做船，遇到风也不会沉没和破裂，在陆地上时可以背着它行走。海风非常猛烈，能够拔起树木、折断房屋，将人物吹到其他地方。

　　还有一个小岛，那里的人饮酒不会醉倒，寿命最长。靠近谙厄利亚国有个地方叫格落兰得，那里有很多自燃火，用砖石隔离，仍然可以居住。有时将火堆连接起来，当火被引过来后放置釜甑，食物煮熟后撤掉柴火，但火永远不熄灭。

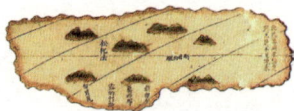

利未亚洲

【原文】

【原文】

　　天下第三大洲曰利未亚，南至大浪山，北至地中海，东至西红海圣老楞佐岛，西至阿则亚诺海，大小共百余国。其地中多旷野，野兽最盛。有极坚好文彩之木，能入水、土千年不朽。迤北近海诸国最丰饶，五谷一岁再熟，每种一斗，可收十石。谷熟时，外国百鸟皆至其地，避寒就食，涉冬始归。故秋未冬初，近海诸地猎取禽鸟无算。产葡萄树，极高大，生实繁衍，他国所无。地既旷野，人或无常居，每种一熟，即移徙他处。野地皆产异兽，因其处，水泉绝少，水之所潴，百兽聚焉。复异类相合，辄产奇形怪状之兽。

【译文】

　　天下第三大洲称为利未亚，南至大浪山，北至地中海，东至西红海的圣老楞佐岛，西至阿则亚诺海，共有百余个国家。这片大洲中多是广袤的荒野，野兽数量最多。这里有一种非常坚硬且色彩绚丽的木材，能够在水中和土中保存千年而不腐烂。向北靠近海洋的国家最为丰饶，五谷一年能收获两次，每种作物每斗可收十石。当谷物成熟时，来自国外的百鸟都会飞到这片土地上，避寒觅食，直到冬天才离开。因此，在秋末冬初，靠近海洋的地区猎取禽鸟的数量无法计算。利未亚盛产的葡萄树非常高大，用结的果实繁衍，在其他国家中没有这种情况。由于土地大多是荒野，人们没有固定的居住地，每收获一次就迁徙到其他地方。荒野中生长着奇特的野兽，这里由于水源非常稀少，凡是有水源的地方百兽就聚集在那里。当不同种类的野兽交配，会产生奇形怪状的动物。

利未亚洲

选自《坤舆全图》清代木版笔彩本　收藏于日本神户市立博物馆

154

【原文】

有鸟名亚既剌，乃百鸟之王。羽毛黄黑色，高二三尺，首有冠，钩喙如鹰隼。飞极高，巢于峻山石穴。生子令视日，目不瞬者乃留。寿最长久，老者脱毛，复生新羽。性鸷猛，能攫羊、鹿、百鸟食之，肉经宿则不食。冒险者寻其巢，取其余肉，可供终岁。毒蛇能害其子，其性有知觉，则知先寻一种石置巢边，蛇毒遂解。有山狸似麝，脐后一肉囊，香满其中辄病，向石上剔出始安。香如苏合油而黑，能疗耳病。又产异羊甚巨，一尾便数十斤，味最美。毒蛇能杀人，土人能制蛇者，蛇至其前，自能驱逐。此等人世世子孙皆然，尊贵人行路，必觅此人相随。其地马善走，又猛，能与虎斗。

【译文】

有一种鸟名叫亚既剌，是百鸟之王。它的羽毛是黄黑色的，高约二至三尺，头部有冠状物，嘴呈钩状，像鹰或隼一样。它能够飞得很高，筑巢在高山上的山洞中。它的幼崽被要求直视太阳，只有不眨眼的才能留下。它的寿命最长久，年老时会脱毛，又会重新长出新的羽毛。它生性凶猛，能够捕食羊、鹿以及各种鸟类当作食物，但是这些食物放置一夜后它就不会再吃。有冒险者寻找它的巢，取走剩余的肉，可以供应一整年。有毒蛇可能伤害它的幼崽，但它能察觉，会先寻找一种石头放在巢边，这样就可以解蛇毒。还有一种像麝香鼠的山狸，肚脐后有一个肉囊，当充满香气时就会生病。它生病时，会将肉囊剔出，于是病就会痊愈，它的香有点像苏合油，而且是黑色的，能够治疗耳病。还出产一种非常大的异种羊，一尾就有数十斤重，味道非常鲜美。有毒蛇能够杀死人类，但当地人能够制服蛇，蛇一接近他们，就会自动离开。这样的人世世代代都是如此，尊贵的人在旅行时，为确保安全，必定寻找这样的人作为随行伴侣。本地的马非常善于奔跑，也非常勇猛，能够与虎搏斗。

【原文】

　　界内名山亚大辣者在西北。此山最高，凡风、雨、露、雷，皆在半山，山顶终古晴明，视日、星倍大，国人呼为天柱。此方人夜睡无梦，甚为奇。有月山，极险峻，不可跻攀。有狮山，在西南境，其上频兴雷电，轰击不绝，不间寒暑。其在曷噩剌国，出银矿甚多，取之不尽。其在西南海曰大浪山，海风迅急，浪极大。商舶至此不能过，则退归西洋。破船率在此处。过之则大喜，可望登岸。此山而东，尝有暗礁，全是珊瑚，刚者利若锋刃，海船最畏避。凡利未亚之国，著者曰厄日多，曰马逻可，曰弗撒，曰亚非利加，曰奴米第亚，曰亚毗心域，曰莫讷木大彼亚，曰西尔得。散处者曰井巴岛，曰圣多默岛、意勒纳岛、圣老楞佐岛。

【译文】

　　境内有一座著名亚大辣山，位于西北方。这座山最高，风、雨、露、雷都在山半腰上，山顶常年晴朗明亮，观看太阳和星星倍感壮观，国人称之为天柱。这里的人在夜间睡觉没有梦境，非常奇特。还有一座月山，非常险峻，无法攀爬。还有一座狮子山，位于西南边境，山上雷电频繁，轰鸣声不断，寒暑不停。在曷噩剌国，银矿非常丰富，取之不尽。在西南的海洋中有一座名为大浪山的山峦，海风迅猛，浪涛极大。商船到达此处无法通过，只能返回西洋。破船事故经常发生在这个地方。如果成功越过，船员会非常高兴，可以期待登陆。这座山向东方，曾经有暗礁，全是珊瑚，非常坚硬，就像利刃一样，海船最害怕碰上它们。利未亚的各国分布广泛，比较有名的为厄日多、马逻可、弗撒、亚非利加、奴米第亚、亚毗心域、莫讷木大彼亚、西尔得。分散的地方有井巴岛、圣多默岛、意勒纳岛、圣老楞佐岛。

厄日多

【原文】

　　利未亚东北有大国，曰厄日多。自古有名，极称富厚。中古时曾大丰七年，继即大歉七载。天主教中前知圣人龠瑟者，预令国人罄国中之财，悉用积谷。至荒时，不惟救本国饥，四方来籴，财货尽输入其国，故富厚无比。今五谷极饶，畜产最多，他方百果草木移至此地，茂盛倍常。其地千万年无雨，亦无云气。国中有大河，名曰泥琭河。河水每年一发，自五月始以渐而长，土人视水涨多少，以为丰歉之候，大率最大不过二丈一尺，最小不过一丈五尺。至一丈五尺则歉收，二丈一尺则大有年。凡水涨无过四十日，其水中有膏腴，水所极处，膏腴即着土中，又不泥泞，故地极腴饶。百谷草木俱畅茂。当水盛时，城郭多被淹没。国人于水未发前，预杜门户，移家于舟以避之。去河远处，水亦不至。

【译文】

　　利未亚东北有一个大国，名为厄日多。自古以来就以富裕闻名。在中古时期，曾经历过七年的大丰收，接着又经历了七年的大饥荒。天主教先知圣人龠瑟预先命令国民耗尽国内的财富，全都用于储备谷物。在饥荒时期，不仅救济本国的饥民，还有周围国家的百姓前来购粮，财富和货物源源不断地流入该国，因此富裕程度无与伦比。如今五谷丰登，畜产最为丰富，其他地方的各种果树和草木都移植到这个地方，比平时更加旺盛。这片土地千万年来没有雨水，也没有云彩。国内有一条大河，名为泥琭河。泥琭河每年发一次洪水，从五月开始，河水水位渐涨，当地人根据水位的涨落来预测丰歉，一般最大的水位不会超过二丈一尺，最小的水位也不会低于一丈五尺。水位达到一丈五尺以下则表示收成欠佳，达到二丈一尺则表示大丰年。丰水期不超过四十天，水中含有丰富的沉积物，凡河水到达的地方，沉积物就沉积在土壤中，土壤不泥泞，因此土地非常肥沃，百谷草木都生长茂盛。当水位最高时，城郭常常被淹没。国民在水位上涨之前就预先封闭门户，搬到船上躲避洪水。而远离河流的地方水不会到达。

【原文】

昔国王求救旱涝，得智巧士亚尔几墨得，作一水器，以时注泄，便利无比，即今龙尾车也。国人极有机智，好攻格物穷理之学。又精天文，因其地不雨，并无云雾，日月星辰，昼夜明朗，故其考验益精，他国不如。

【译文】

很久以前，国王为解决旱涝问题，得到智者亚尔几墨得帮助，制造了一种水器，能按时排泄水，极为便利。也就是如今的龙尾车。该国的人民非常聪明，喜欢研究和探索科学原理。他们精通天文学，因为这个地方没有雨水，也没有云雾，白天和夜晚都非常明亮，日月星辰清晰可见，所以他们对天文学的研究非常精湛，其他国家无法比拟。

【原文】

前好为淫祀，继有圣徒到彼化诲，遂出圣贤甚多。其国女人，恒一乳生三四子，天下骡不孳生，惟此地骡能传种。国王尝凿数石台，非以石砌，是择大石如陵阜者铲削成。下趾阔三百二十四步，高二百七十五级，级高四尺。登台顶极力远射，不能越台趾。

【译文】

昔日，该国人民喜好各种祭祀，后来圣徒前来教化，于是出现很多圣贤。该国的女性常常一次哺育三四个孩子，天下的骡子不会自然繁殖，只有这个地方的骡子能够生育。国王曾经凿了数块石台，不是用石头堆砌，而是选择像丘陵一样的大石头进行削凿而成。台基下部宽三百二十四步，高二百七十五级，每级高四尺。登上台顶用力向远处投掷石头，也无法超越石台的底部。

【原文】

有城曰该禄，是古大国都城，名闻西土。其城有百门，门高百尺，皆用本处一种脂膏砌石成之，坚致无比。街衢行三日始遍。五百年前，最为强盛。善用象战，邻国大小皆畏服。属国甚多，今其国已废，城亦为大水冲击，啮其下土，因而倾倒。然此城虽不如旧，尚有街长三十里，悉为市肆。行旅喧填，百货具集，城中常有骆驼二三万。

【译文】

有座城叫该禄，是古大国的都城，在西方享有盛名。这座城市有一百座城门，门高百尺，全部由本地的一种脂膏砌石而成，坚固无比。穿行街巷需要三天才能走遍。五百年前，该城最为强盛。善于使用大象作战，周边大小邻国都畏服。附庸国众多，但如今该国已经废弃，城市也受到大水冲击，侵蚀底部土壤，导致城市倾覆。虽然该禄不如过去那么繁荣，但仍然有三十里长的街道，全部都是市场。行人和旅客喧喧嚷嚷，各种货物齐全，城中常常有二三万只骆驼。

马逻可、弗撒、亚非利加、奴米第亚

【原文】

近地中海一带为马逻可与弗撒国。马逻可地分七道，出兽皮、羊皮，极珍美。蜜最多，国人以蜜为粮。其俗以冠为重，非贵人、老人不得加冠于首，仅以尺寸蔽顶而已。

【译文】

马逻可与弗撒国位于近地中海地区。马逻可地分为七个区域，生产的兽皮和羊皮非常珍美。该国的蜂蜜最为丰富，国民以蜂蜜作为主要粮食。他们国家的风俗非常注重戴冠，如果不是尊敬的人或老人不得在头上戴冠，只能以小块布料遮盖头顶。

【原文】

弗撒地亦分七道，都城最大，宫室殿宇极华整高弘。有一殿，周围三里，开三十门，夜燃灯九百盏。国人亦略识理义。

【译文】

弗撒地也分为七个区域，都城最为宏大，宫殿和建筑非常华丽壮观。有一座宫殿，周长三公里，设有三十个门，夜间点亮九百盏灯。该国人民也略懂理义。

【原文】

厄日多之西为亚非利加，地肥饶易生，一麦尝秀三百四十一穗，以此极为富厚。

【译文】

厄日多的西方是亚非利加，土地肥沃且生产力强，曾有一株小麦结出了三百四十一个麦穗，因此此地非常富饶。

【原文】

马逻可之南有国名奴米第亚，人性狞恶，不可教诲。有果树，如枣可食。其地有小利未亚，乏水泉，方千里无江河，行旅过者，须备兼旬之水。

【译文】

马逻可的南方有一个名为奴米第亚的国家，人民性情凶恶，不可教化。那里有一种果树，像枣子一样可直接食用。该地还有一个地方叫小利未亚，缺乏水源泉眼，方圆千里没有江河，过往的行旅者必须备足十天左右的水。

亚毗心域、莫讷木大彼亚

【原文】

利未亚东北近红海，其国甚多，人皆黑色。迤北稍白，向南渐黑，甚者如漆，惟齿目极白。其人有两种，一在利未亚东者，名亚毗心域，地方极大，据本洲三分之一。从西红海至月山，皆其封域。产五谷、五金，金不善炼，恒以生金块易物。糖蜡最多，造烛纯以蜡。国中道不拾遗，夜不闭户，从无盗寇。人极智慧，崇奉天主正教。修道者手持十字，或挂胸前，极敬爱西土多默圣人，为其传道自彼始。王行游国中，常有六千皮帐随之，仆从、车徒，恒满五六十里。

【译文】

利未亚的东北靠近红海，那里有很多国家，人们的肤色都是黑色的。北方稍微白一些，向南逐渐变黑，最严重的有些人的肤色如漆，但牙齿和眼睛却非常白。这个国家的人有两种，一种生活在利未亚的东部，称为亚毗心域，那里非常广阔，占据了本洲的三分之一。从西边的红海到月山，都属于他们的封域。该地盛产五谷和五金，但不擅长冶炼金属矿物，常以生金块作为货币交换。糖和蜡最为丰富，蜡都用来制造蜡烛。在该国，路上有丢失的物品没人捡，夜晚不锁门，从来没有盗贼。人民非常聪明，崇尚正统的天主教。修道者手持十字架，有的挂在胸前，极其崇敬西方多默圣人。因此他从那时起即作为忠实的信徒传播天主教。当国王在国内巡游时，常有侍卫带着六千顶帐篷随行，随从和车队常常长达五六十里。

【原文】

一在利未亚南，名莫讷木大彼亚，国土最多，皆极愚蠢，不识理义。气候甚热，沿海皆沙，人践之即成疮痍，黑人坐卧其中，安然无恙。所居极秽。喜食象肉，亦食人，皆生龁之。齿皆锉锐若犬牙然。奔走疾于驰马，不衣衣，反笑人衣衣，或涂油于身，以为美乐。无文字。

初欧逻巴人传教至此，黑人见其看诵经书，大相惊讶，以为书中有言语可传达，其愚如此。地无兵刃，以木为标枪，火炙其锐处，用之极铦利。身有膻气，永不可除。性不知忧虑，闻箫、管、琴、瑟诸乐音，便起舞不止。其性朴实耐久，教为善事，即尽力为之。为人奴极忠于主，为主用力，视死如归，遇敌无避。亦知天地有主，但视其王若神灵，凡阴晴旱涝，皆往祈之。王若偶一喷涕，举朝举国，皆高声应诺，大可笑也。近亦多有奉天主教者。但性喜饮酒，易醉。

【译文】

另一种人居住在利未亚的南部，称为莫讷木大彼亚，该国土地最广阔，但人民非常愚蠢，不懂理义。且气候非常炎热，沿海地区都是沙漠，人踩上皮肤就会立刻溃烂，黑人却可以安然坐卧其中而毫发无损。他们生活环境极为肮脏。喜欢吃大象肉，甚至吃人，都是直接啃食。他们的牙齿尖锐如犬牙。走路和跑步的速度均比骑马快，他们不穿衣服，反而嘲笑那些穿衣服的人，有时还会在身上涂油以此为美。他们没有文字。欧逻巴的传教士最初传教到那里时，黑人看到他们阅读经诵读书，十分惊讶，以为书中有能传达信息的话语，他们就是如此愚蠢。那里没有兵器，以木棍为标枪，用火烤热其尖端，使用时极为锋利。他们身上有一种膻腥气，永远无法去除。他们没有忧虑之心，一听到箫、管、琴、瑟等乐器音乐，便会不停跳舞。他们天性朴实，耐力强，教导他们行善事时，会全力以赴。他们作为奴隶对主人非常忠诚，为主人效力，视死如归，在遇到敌人时毫不躲避。他们也知道天地有主宰，但将他们的国王视为神灵，无论阴晴干旱或洪涝，都会去祈祷。偶尔国王一打喷嚏，全朝全国都会高声回应，真是可笑至极。近年来也有越来越多的人信奉天主教。不过他们喜欢饮酒，容易喝醉。

【原文】

产鸡皆黑，豕肉为天下第一美味，病者食之无害。产象极大，一牙有重二百斤者。有兽如猫，名亚尔加里亚，尾有汗，极香。阱于木笼，汗沾于木，干之，以刀削下，便为奇香。乌木、黄金最多，地无寸铁，特贵重之。布帛喜红色、班色，及玻璃器。善浮水，他国名为海鬼。

【译文】

那里的鸡都是黑色的，认为猪肉是世界上最美味的食物，病人吃猪肉毫无害处。那里有巨大的象，一颗象牙重达两百斤。还有一种像猫的动物，名为亚尔加里亚，尾部有汗液，散发出香气。人们把它关在木笼里，它的汗液沾在木上，干燥后用刀削下来，便成为奇特的香料。鸟类、木材和黄金最为丰富，该地不产铁，因此人们非常看重。他们喜欢红色和有斑纹的布料以及玻璃器皿。擅长潜水，其他国家称他们为海鬼。

【原文】

亚毗心域属国，名谙哥得者，夜食不昼食，止一餐，不再食。以盐、铁为币。又一种名步冬，颇知学问，重书籍，善歌舞，亦亚毗心域之类。

【译文】

亚毗心域属国叫谙哥得，他们每天只吃一顿晚饭。他们以盐和铁作为货币。还有一种人叫步冬，很有学问，他们重视书籍，擅长歌舞，也属于亚毗心域的一类人。

西尔得、工鄂

【原文】

利未亚西有海滨国，名西尔得地。有两大沙，一在海中，随水游移不定。一在地，随风飘泊，所至积如丘山，城郭田亩，皆被压没。国人苦之。

又有工鄂国，地亦丰饶。颇解义理，自与西客往来，国中崇奉天主。其王遣子往欧逻巴习学文字，讲格物穷理之学。

【译文】

利未亚的西边有一个海滨国家，名为西尔得。那里有两个大沙丘，一个在海中，随着水流不断移动。另一个在陆地上，随风移动，所到之处沙子便成了沙丘，城镇和田地都被埋没。国民深受其害。

另外还有一个工鄂国，土地也很富饶。国民颇通情达理，自从与西方人来往，国内开始尊崇信奉天主教。他们的国王派遣孩子前往欧逻巴学习文字，追求穷究事物道理。

井巴

【原文】

利未亚南有一种，名曰井巴。聚众十余万，极勇猛，又善用兵。无定居，以马、骆驼乘载，迁徙所至，即食其人及鸟、兽、虫、蛇，必生命尽绝，乃转他国，为南方诸小国大害。

【译文】

利未亚的南方有一支名为井巴的部落，人口聚集十余万，极其勇猛，擅长战斗。他们没有固定的居住地，依靠马和骆驼进行迁徙，每到一个地方就将当地的人、鸟、兽、虫、蛇等吃光，然后再转移到其他国家，他们给南方的诸多小国带来巨大危害。

福岛

【原文】

利未亚西北有七岛，福岛其总名。其地甚饶，凡生人所需，无不有。绝无雨，风气滋润，易长草木，百谷不烦耕种，布种自生。葡萄酒及白糖至多，西舶往来，必到此岛市物，为舟中之用。

【译文】

利未亚的西北有七个岛屿，总称为福岛。那里土地丰饶，生活所需应有尽有。降雨极少，气候湿润，有利于草木生长，各种谷物无须辛勤耕种，只要将种子种下去便可自行生长。该地葡萄酒和白糖尤其丰富，西方的船只途经此地必定到这些岛屿购买物品，来供应船中需求。

【原文】

有一铁岛，无泉水，生一种大树，每日没，有云气抱之，酿成甘水滴下，至明旦日出，方云散水歇。树下作数池，一夜辄满，人畜皆沾足，终古如此。

【译文】

　　还有一个铁岛，没有泉水，生长着一种巨大的树木，每天傍晚，云气将其环绕，水汽凝结成甜美的水滴落下，直到早晨日出，云才散去，水滴停止。树下有几个水池，一夜就会贮满，能够满足人和动物的日常饮用，自古以来都是这样。

【原文】

　　木岛去路西大泥亚半月水程，树木茂翳，地肥美。路西大泥亚人至此焚之，八年始尽。今种葡萄，酿酒绝佳。

【译文】

　　木岛距离路西大泥亚有半个月的航程，树木葱茏，土地肥沃。路西大泥亚人来到此处焚烧树木，经过八年才将其焚烧殆尽。现在种植葡萄，酿造的葡萄酒极其美味。

圣多默岛、意勒纳岛、圣老楞佐岛

【原文】

　　圣多默岛在利未亚西，围千里，径三百里，浓阴多雨，愈近日处，云愈重，雨愈多。此岛之果俱无核。

【译文】

圣多默岛位于利未亚的西边，周长约千里，直径三百里，这里天气多阴经常下雨。越接近中午，云层越厚重，雨水越多。这个岛上的水果都没有果核。

【原文】

又有意勒纳岛，鸟兽、果实甚繁，绝无人居。海舶从小西洋至大西洋者，恒泊此十余日，樵采渔猎，备二三万里之用而去。

【译文】

另外还有意勒纳岛，动物、鸟类和水果都非常丰富，但没有人居住。从小西洋到大西洋的海船常常停泊在这里十几天，进行伐木、捕鱼和狩猎，为跨越两万多里的航行做好准备后再离开。

【原文】

又赤道南有圣老楞佐岛，围二万余里，人多黑色，散处林麓，无定居。出琥珀、象牙极广。

【译文】

赤道南方有一个岛屿叫圣老楞佐岛，周长有两万多里，人的皮肤多是黑色，分散在森林和山脚下，没有固定的居住地。这个岛盛产琥珀和象牙。

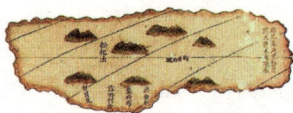

亚墨利加洲

【原文】

亚墨利加，第四大洲总名也。地分南北，中有一峡相连。峡南曰南亚墨利加，南起墨瓦腊泥海峡，北至加纳达；峡北曰北亚墨利加，南起加纳达，北至冰海，东尽福岛。地极广，平分天下之半。

【译文】

亚墨利加是第四大洲的总称。地理上分为南亚墨利加和北亚墨利加，中间有一条相连的峡谷。南亚墨利加从墨瓦腊泥海峡开始，向北延伸至加纳达；北亚墨利加从加纳达开始，向北延伸至冰海，东端到福岛。这片土地广阔平坦，占据世界面积一半。

【原文】

初，仅知有亚细亚、欧逻巴、利未亚三大洲，至百年前，西国大臣名阁龙者，深于格物穷理，又讲习行海之法。天主默启其衷，一日行游西海，嗅海中气味，忽有省悟，谓此乃土地之气，必有人烟国土。奏闻国王，资以舟航粮糗、器具、货财、将卒、珍宝，阁龙率众出海，辗转数月，危险生疾，从人咸怨，欲还。阁龙志坚，促令前行。一日，

南亚墨利加

选自《坤舆全图》清代木版笔彩本　收藏于日本神户市立博物馆

北亚墨利加

选自《坤舆全图》清代木版笔彩本　收藏于日本神户市立博物馆

舶上望楼人大声言："有地！"众共欢喜，亟取道前行，果至一地。初未敢登岸，因土人未尝航舟，不知海外有人物，乍见海舶既大，驾风帆迅疾，发大炮如雷，咸相诧异，皆惊窜奔逸。舟人无计与通。偶一女子在近，遗锦衣、金宝、玩好器具而归。明日，其父母同众来观，又与之宝货。土人大悦，遂款留西客。与地作屋，以便往来。阁龙命来人一半留彼，一半还报国王，致其物产。明年，国王又命载百谷、百果种，携农师、巧匠，往教其地，人情益喜，然犹滞在一隅。其后又有亚墨利哥者，至欧逻巴西南海，寻得赤道以南大地，即以其名名之，故曰亚墨利加。数年后，又有一人，名哥尔得斯，国王仍赐海舶，命往西北寻访，复得大地，在赤道以北，即北亚墨利加。其大国与欧逻巴馈遗相通，西国王亦命掌教诸士至彼，劝人为善。数十年来，相沿恶俗稍变。

【译文】

最初，人们只知道亚细亚、欧逻巴和利未亚这三个大洲。直到一百年前，有一位名叫阁龙的西方大臣，精通探究事物道理并研究航海法。一次偶然机会，大概是他受到神明启发，在某一天去游览西海时，闻到海中气味后突然省悟，认为这是陆地的气息，必然有人类和国家存在。他把所思所想向国王奏请，国王向他提供船只、粮食、工具、货物、军队和珍宝的支持。阁龙率领众人出海，历经数月，遭遇危险并患病，人们都怨言连连，希望返回。但阁龙意志坚定，催促他们继续前行。一天，船上的观望人员大声喊道："有陆地！"船上众人都非常高兴，急忙前进，果然到达一个地方。起初他们不敢登岸，因为当地人从未见过船只，不知道海外有人类存在，突然看到巨大的船只、迅速驶过的风帆和雷鸣般的炮声，人们都感到惊奇，惊慌逃窜。船员们无计可施。偶然发现有一位女子靠近，于是送给她锦衣、金宝和精美的器具。第二天，她的父母和其他人前来查探，船员们又送给他们宝物和货物。当地人非常高兴，于是款待来自西方的客人。当地人给船员们土地让他们建造房屋，以便于来往。阁龙命令一半的人留在那里，一半返回向国王报告物产情况。第二年，国王又命令大臣携带各种谷物、水果种子，带着农师和工匠前往教导该地。当地人非常高兴，但仍然聚集在一个角落里。此后又有个叫亚墨利哥的航海家，他们在欧逻巴的西南海域发现了赤道以南的大片土地，因此以亚墨利哥为这片土地命名，称为亚墨利加。数年后，又有一个名叫哥尔得斯的人，国王赐予他船只，命令他向西北寻找，结果发现了赤道以北的大片土地，即北亚墨利加。这个大国与欧逻巴有着经贸往来，西方国王也命令派遣传教士前往那里，劝导人们行善积德。经过几十年教化，当地的陋习逐渐改变。

【原文】

其国在南亚墨利加者，有白露、伯西尔、智加、金加西腊，南北相连处有宇加单、加达纳，在北亚墨利加者，有墨是可、花地、新拂郎察、瓦革了、农地、鸡未腊、新亚泥俺、加里伏尔尼亚，西北诸蛮方外有诸岛，总名亚墨利加岛云。

【译文】

在南亚墨利加的国家，有白露、伯西尔、智加、金加西腊，南北亚墨利加国土接壤的地方有宇加单、加达纳。在北亚墨利加的国家，有墨是可、花地、新拂郎察、瓦革了、农地、鸡未腊、新亚泥俺、加里伏尔尼亚。西北的蛮族地区之外有许多岛屿，总称为亚墨利加岛。

南亚墨利加、白露

南亚墨利加西曰白露，大小数十国，广袤一万余里，中间平壤沃野亦一万余里。地肥硗不一，肥者不烦耕治，布子自能生长，五谷、百果、草木，悉皆上品，本土人目为大地苑圃。其鸟兽之多，羽毛丽，声音美，亦天下第一。地出金矿，取时金土互混，别之，金多于土，故金、银最多。国王宫殿，皆黄金为板饰之。独不产铁，兵器用烧木钻石。今贸易相通，渐知用铁，然至贵。余器物皆金、银、铜三种为之，有数国，从来无雨，地有湿性，或资水泽。

南亚墨利加的西部称为白露，有大小数十个国家，幅员辽阔、土地广袤，可达一万多平方公里，平坦肥沃的土地也有方圆一万余里。土地的肥沃程度不一，肥沃的地方无须辛勤耕作，播撒的种子自行生长，五谷、水果、草木，都是上品。本土居民将其视为广大的园林。这里鸟兽繁多，羽毛华丽，声音悦耳，堪称天下第一。这里出产金矿，出土时金土混合，分离后金多于土，因此金和银最为丰富。国王的宫殿都是以黄金装饰的。这个地方唯独不产铁，兵器使用烧木、锋利的石头，现在当地与其他国家逐渐有贸易往来，逐渐了解到如何使用铁，但铁这种资源仍然很珍贵。其他器物多以金、银、铜三种材料制作，有些国家从来不下雨，但土地潮湿，有时靠水泽供给水源。

【原文】

有树，生脂膏，极香烈，名拔尔撒摩，傅诸伤损，一昼夜肌肉复合如故。涂痘不瘢，涂尸千余年不朽。一种异羊，可当骡马，性甚倔强，有时倒卧，虽鞭策至死不起，以好言慰之，即起而走，惟所使矣。食物最少，可绝食三四日，肝生一物如卵，能疗诸病，海商贵之。天鹅、鹦鹉尤多，一鸟名厄马，最大，长颈高足，翼翎美丽，不能飞，足若牛蹄，善奔走，马不能及。卵可作杯器，今番舶所市龙卵，即此物。产棉花甚多，亦织为布，不甚用，专易西洋布及利诺布，或剪马毛织为服。

【译文】

这里有一种树，生产极香的脂膏，名为拔尔撒摩，可用于治疗创伤，一天一夜后肌肉可以恢复如初。将它涂在痘痘上不会留下疤痕，涂抹尸体后可以保存千余年不朽。还有一种奇特的羊，可以当骡子和马使用，性情非常倔强，有时倒卧不起，主人用鞭子抽它到死也不会动起来，只有好言相劝，它才会起来走路，听候你的指使。这种羊对食物需求很少，可以绝食三四天，它们的肝脏里生长一种类似卵的物质，可以治疗各种疾病，在海外贸易中它们很受欢迎。天鹅、鹦鹉尤其多，还有一种名为厄马的大鸟，颈长腿高，羽毛美丽，但不能飞行，脚像牛蹄，善于奔跑，马也追不上。它们的蛋可制器皿，现在外国商船所销售的龙蛋就是这种物品。这里产棉花非常多，也用来织布，但不太常用，织成的布用来交换西洋布和利诺布，有时也剪马毛织成衣服。

【原文】

江河极大，有泉如脂膏，常出不竭。取燃灯或涂舟、砌墙，当油漆用。有一种泉水，出于石罅，离数十步，即变为石。有土能燃火，平地山冈皆有之，地震极多，一郡一邑常有沉垫无遗，或平地突起山阜，或移山别地，皆地震所为。不敢为大宫室，上盖薄板，以备震压。其俗无文字、书籍，结绳为识，或以五色状物形以当字，即史书亦然。算数用小石子，亦精敏。其文饰以珍宝嵌面，以金为环，穿唇、鼻，臂腿或系金铃，复饰重宝，夜中光照一室。

【译文】

　　这里有非常宽广的江河，有泉水像脂膏一样不断涌出不会枯竭。这种物质可以拿来点灯或涂抹在船上、砌墙，相当于油漆。还有一种泉水，从石缝中涌出，流出泉眼几十步后就变成石头。这里有一种土壤可以燃烧，平地和山冈上都有，地震非常多见，一个郡、一个邑经常会出现沉陷或突起的现象，有时平地上会突然出现山丘，或者山体移动到别的地方，这都是地震造成的。他们不敢建造宏伟的宫殿，上面覆盖着薄薄的板子，以防备地震的挤压。他们没有文字和书籍，用结绳来记事，或者用五颜六色的物品形状来代表字，史书也是这样记录。计算使用小石子，也非常灵巧精确。他们装饰以珍珠宝石嵌在脸上，把金子做成圆环然后穿在耳朵、鼻子上，臂膀和腿上系金铃，再用贵重的宝石装饰，在夜晚可以照亮一整个房间。

【原文】

　　其国都达万余里，凿山平谷为坦途，更布石以便驿使传命，数里一更，三日夜可达二千里。人性良善，不傲，不饰诈，颇似淳古风。因其地多金、银，任意可取，故无窃盗、贪吝。但陋俗最多，自欧逻巴天主教士人往彼劝化，教经典书文，与谈道德理义，往时恶俗如杀人、祭魔、驱人殉葬等事，俱不复然。为善反力于诸国，有捐躯不辞者。

176

【译文】

这个国家的都城离这里还有一万余里，他们凿山平谷修建了平坦的道路，还在路上铺设了石头以方便驿站传递命令，每几里就有一处驿站，三天三夜就可以走两千里。这里的人品性善良，不傲慢，不虚伪，颇有古代的纯朴风俗。由于这里出产金银，任意可以拿取，所以没有盗窃和贪婪。但陋俗仍然很多，直到欧逻巴的天主教士前去劝化，教授经典书籍和谈论道德理念，一些如杀人、祭祀魔鬼、迫使人殉葬等恶劣的习俗才不再发生。他们又去劝化其他国家，有人为此还甘愿舍去生命。

【原文】

其间有极丑恶地，土产极薄，人拾虫蚁为粮，以网四角挂树而卧，因地气最湿，又有毒蛇，人犯必死，不敢下卧，恐寐时触之。土音各种不同，有一正音，可通万里之外。

【译文】

其中有一个险恶的地方，土地非常贫瘠，人们只能捡虫蚁作为食物，用网的四个角挂在树上躺着休息，因为那里的气候最潮湿，还有毒蛇，人一旦触碰到就必死无疑，所以不敢躺下，担心在睡梦中会触碰到它们。土地会发出各种不同的声音，其中有一种正音，可以传到万里之外。

【原文】

近一大国，名亚老哥，人强毅果敢，善用弓矢及铁杵，不立文字，一切政教号令，皆口传说，辩论极精，闻者最易感动。凡出兵时，大将戒谕兵士，不过数言，无不感激流涕，愿效死者。他谈论皆如此。

【译文】

在这个地区附近有一个大国，名为亚老哥，人们强壮勇敢，擅长使用弓箭和铁棍，这个国家没有文字，所有政教号令都是口头传说，他们的辩论能力非常精湛，听者很容易被感动。每次出兵时，大将只需几句话，就能让士兵感激流涕，效死疆场。别人所论也是如此。

伯西尔

【原文】

南亚墨利加东有大国，名伯西尔。天气融和，人寿长，无疾病。他方病不能疗者，至此即瘳。地甚肥饶，江河为天下最大。有大山界白露者，甚高，飞鸟莫能过。产白糖最多。嘉木种种不一，苏木更多，亦称苏木国。一兽，名懒面，甚猛，爪如人指，鬃如马，腹垂着地，不能行，尽一月不逾百步。喜食树叶，缘树取之，亦须两日，下树亦然。无法可使速。有兽，前半类狸，后半类狐，人足枭耳，腹下有房，可张可合，恒纳其子于中，欲乳方出。其地之虎，饿时百夫莫当，值饱，一人制之有余，即犬亦可毙之。国人善射，前矢中的，后矢即破前笴，连发数矢，相接如贯，无一失者。

【译文】

南亚墨利加东部有一个大国，名为伯西尔。那里的天气宜人，人们寿命长，没有疾病。其他地方无法治愈的病症，到了这里就能痊愈。这里土地非常肥沃，江河是全世界最宽广的。有一座名为界白露的巍峨山脉，极其高耸，飞鸟无法越过。这里盛产白糖。珍贵的木材种类繁多，其中苏木更是多，也有人称之为苏木国。有一种野兽叫懒面，极为凶猛，爪子如人指，鬃毛如马，腹部垂至地面，无法行走，一个月也走不了一百步。它喜欢吃树叶，上树摘取树叶需要两日，下树也是如此，无法加快速度。还有一种野兽，前半身类似狸猫，后半身类似狐狸，拥有人的脚和猫头鹰的耳朵，腹下有个腔室，可以张开也可以合拢，常常将自己的幼崽装在里面，等到需要喂奶时再取出来。这个地方的虎，饥饿时百人也无法抵挡，等它吃饱了，一个人就能制服它，甚至一只狗也能将其杀死。这个国家的百姓善于射箭，前一支箭射中目标，后一支箭就能穿透前一支箭的箭镞，连续发射数支箭，相互连结如一根，没有一箭会失手。

【原文】

俗多裸体，妇人以发蔽前后。幼时凿颐及下唇作孔，以猫睛、夜光诸宝石嵌入为美。妇人生子即起，作务如常。其夫坐蓐数十日，服摄调养，亲戚俱来问候，馈遗弓矢、食物，通国皆然。地不产米、麦，不酿酒，用草根晒干，磨面作饼以当饭。凡物皆公用，不自私。土人能居水中一二时刻，张目明视。亦有浮水最捷者，恒追执大鱼，名都白狼而骑之，以铁钩钩鱼目，曳之东西走，转捕他鱼。素无君长、书籍，亦无衣冠。散居聚落，喜啖人肉。近欧逻巴士人传天主教到彼，今已稍稍归化，颇成人理。

【译文】

这个地方的人民多赤裸示人，妇女用头发遮挡前后部位。孩童幼年时会在下巴和下唇处打孔，用猫睛、夜光等宝石镶嵌其中。妇女生完孩子后立即起身，继续像平常一样做家务。她们的丈夫在产褥期要坐几十天，接受调养，亲戚们都会前来探望，送上弓箭和食物，全国都如此。这个地方不种植稻米和小麦，也不酿造酒，将晒干的草根磨成面粉做饼来食用。该国天下为公，不存在私有。当地人可以在水中待上一两个时辰，能够在水下张开眼睛正常视物。还有游泳潜水最敏捷的人，常常追逐捕捉名为都白狼的大鱼，并可以骑在上面，用铁钩钩住鱼眼后，将其牵引东西奔跑，再转而捕捉其他鱼。这个地方没有君长和书籍，也没有衣冠礼仪。人们散居在各个部落，喜欢食用人肉。近来欧逻巴士人到这里来传播天主教，现在已经有些人开始接受并逐渐归化，懂得了一些道理。

【原文】

其南有银河，水味甘美，涌溢平地。水退，布地皆银沙、银粒，河身最大，入海处阔数百里，海中五百里，一派尚为银泉，不入卤味。其北有大河，名阿勒恋，亦名马良温，河身曲折三万里，未得其源。两河俱为天下第一。

【译文】

该国南方有一条泛着银色光波的河流，水味甘美，涨潮时水能上岸平齐。退潮后，土地上都是银沙和银粒，河道最宽，入海口处宽约百里，河流入海五百里后仍然像银泉一样清澈，没有咸味。北方有一条大河，名为阿勒恋，又称马良温，河道蜿蜒曲折长达三万里，尚未找到源头。这两条河都是天下第一。

智加

【原文】

南亚墨利加之南为智加，即长人国。地方颇冷，人长一丈许，遍体皆毛。昔时人更长大，曾掘地得人齿，阔三指，长四指余，则全身可知。其人好持弓矢，矢长六尺。每握一矢，插入口中至没羽以示勇。男女以五色画面为文饰。

【译文】

南亚墨利加的南部是智加，也称为长人国。那个地方相当寒冷，人们身高约一丈，浑身长满毛发。据说古时人更为高大，在地下曾经出土过一颗人牙，宽度有三指，长度超过四指，由此可以推测出古人的身高。这些人善于使用弓箭，箭长达六尺。他们常握住一支箭，将其插入口中没至箭羽处以表示自己英勇无畏。男女都乐于在面部画上五彩的装饰。

金加西腊

【原文】

南亚墨利加之北曰金加西腊，其地出金、银，天下称首，矿有四坑，深者二百丈，土人以牛皮造软梯下之。役者常三万人，所得金、银，国王什取其一。七日约得课银三万两。其山麓有城，名银城，百物俱贵，独银至贱。贸易用银钱五等，大者八钱，小至五分。金钱四等，大者十两，小者一两。欧逻巴自通道以来，岁岁交易，所获金、银甚多，故西土之金、银渐贱。

【译文】

南亚墨利加的北部称为金加西腊，这个地方出产金银，在全世界享有盛誉。矿区有四个坑道，最深的达到二百丈，于是当地人使用牛皮制作软梯下坑。每次出工的人达三万，所得到的金银，国王会取其中的十分之一为税，按照七天的工作约定，能够得到三万两银子。山麓上有一个城市，名叫银城，各种物品都很昂贵，唯独银是比较便宜。贸易中使用银钱分为五个面值，最大的为八钱，最小的为五分。金钱分为四个面值，最大的为十两，最小的为一两。自从欧逻巴人通商以来，每年都有交易，从此地获取了大量金银，因此西方的金银逐渐贬值。

【原文】

其南北地相连处，名宇加单，近赤道北十八度之下，南北亚墨利加从此而通，东西二大海从此而隔。周围五千余里，天主教未至其国，预知敬十字圣架。国俗以文身为饰。

【译文】

该地南北相连的地方被称为宇加单，位于赤道以北十八度处，南北连接南亚墨利加，东西分隔两大海洋。国土面积超过五千里，天主教还未传入该国时，他们就对十字圣架很崇敬。该国均以纹身为装饰。

北亚墨利加、墨是可

【原文】

北亚墨利加，国土多富饶，鸟、兽、鱼、鳖极众，畜类更繁，富家牧羊尝至五六万，有屠牛万余，仅取皮革，余悉弃不用。百年前无马，今得西国马种。野中生马甚众，最良。有鸡，大于鹅，羽毛华彩，味最佳。吻上有鼻，可伸缩如象，缩仅寸余，伸可五寸许。诸国未通时，地少五谷，今亦渐饶，斗种可收十石。产良药甚多。

【译文】

北亚墨利加的国土非常富饶，鸟类、兽类、鱼类、鳖类极其丰富，畜牧业也十分繁荣，富裕的家庭养羊数量甚至可达到五六万只，屠宰牛的数量超过一万头，杀牛后仅取其皮革，其余部分全部弃置不用。一百年前没有马匹，现在引进西方种马。野马数量极多且品质优良。有一种比鹅的体型还大的鸡，羽毛色彩斑斓，肉质最是美味。它们的嘴上有一个可以像大象一样伸缩的鼻子，缩起来只有寸余，伸展开可以达到五寸左右。在与其他国家尚未通商之前，那里五谷稀少，但现在已渐渐丰饶，一斗种子可以收获十石粮食。那里出产许多优良的药材。

【原文】

其南总名新以西把尼亚，内有大国墨是可，属国三十，境内两大湖，甘咸各一，俱不通海。咸者水消长若海潮，土人取以熬盐；甘者中多鳞介。湖四面环山，山多积雪，人烟辐辏，集于山下。旧都城容三十万家，大率富饶安乐。每用兵与他国相争，邻国助兵十余万，守都城恒用三十万，但囿于封域，闻人言他方有大国土，辄笑而不信。今所建都城，周四十八里，不在地面，直从大湖中创起，坚木为桩，密植湖中，上加板，以承城郭宫室。其坚木，名则独鹿，入水千年不朽。城内街衢、室屋，皆宏敞精绝。国王宝藏极多，所重金、银、鸟羽。工人辑鸟毛为画，光彩生动。

【译文】

南亚墨利加的全名是新以西把尼亚，大洲有一个名叫墨是可的大国，附属国三十个，境内有两个大湖，一个咸水湖，一个淡水湖，都不通向大海。咸水湖的水位像潮汐一般消长，当地人取水来熬制盐；淡水湖中则多鱼和介壳类动物。湖四周环绕着山脉，山上积雪较多，人烟聚集在山下。旧都城内有三十万人，人们家庭富裕且安居乐业。每次与其他国家作战时，邻国会派遣十余万援军，守卫首都的常用兵力为三十万人，但限于封土范围，听闻远方有其他更大的国土时，他们会嗤笑并不相信。现在所建的首都周围有四十八里长的城墙，但不是建在地面上，而是直接从大湖中兴建，用坚固的木材作为桩基，密集种植在湖中，上面加上木板，以建造城墙和宫殿。这种坚固的木材叫作独鹿，入水千年不朽。城内的街道、房屋都宽敞精美。国王的宝藏非常丰富，他们特别珍重金银和鸟羽。工匠们用鸟羽制作画，色彩光鲜生动。

【原文】

国内初不知文字，今能读书，肆中有鬻书。其业大抵务农、工，以尊贵为长。人面目美秀。彼自言有四绝：一马、二屋、三街衢、四相貌。昔年土俗事魔，杀人以祭，或遭灾乱，每岁辄加。祭法以绿石为山，置人背于上，持石刀剖取人心，以掷魔面，肢体则分食之。所杀人皆取于邻国，故频年战斗不休。今欧逻巴传教士人，感以天主爱人之心，知事魔谬，不复祭魔食人。中有一大山，山谷野人最勇猛，一可当百，善走如飞，马不能及。又善射，人发一矢，彼发三矢，百发百中。亦喜啖人肉，凿人脑骨以为饰，今渐习于善。最喜得衣，如商客与衣一袭，则一岁尽力为之防守。

【译文】

　　国民起初不识字，在教化下现在已经能够读书，且有人在市场上出售书籍。他们从事的行业主要以农业和手工业为主，其中尊贵者为长。人们面貌美丽秀雅。他们自称国内有四个绝妙之处：一是马，二是房屋，三是街道，四是相貌。往昔当地祛魔做法事，杀人用作祭品，如果遭受灾难和战乱，每年就会多杀人用作祭品。祭祀时用绿石作山形，将人背朝上放在上面，再用石刀剖取人心，以驱除邪魔，然后将尸体切割分食。被杀的人都是从邻国抓来的，因此常年战斗不休。现在欧逻巴传教用天主爱人之心感化当地人，于是他们知道这种祭祀邪谬，不再祭祀邪魔并食人。国内有一座大山，山谷中的野人最为勇猛，一个人可当百人，擅长奔跑，跑起来像飞一样，马追不上。他们还擅长射箭，别人发射一箭，他们却能发射三箭，百发百中。他们也喜欢食用人肉，将人的脑骨凿穿用作饰品，经过教化后现在渐渐习惯了与人为善。他们最喜欢别人给他们衣物，如果商人给他们一套衣服，他们就会全力保护这个人一整年。

【原文】

　　迤北有墨古亚刚，不过千里，地极丰饶，人强力多寿。生一种嘉谷，一岁可三熟。牛、羊、骆驼、糖、蜜、丝、布尤多。

更北有古里亚加纳，地苦贫，人皆露卧，渔猎为生。有寡斯大，人性良善，亦以渔为业。其地有山，出二泉，稠腻如脂膏，一红，一墨色。

【译文】

再往北有墨古亚刚，距离不过千里，土地极其丰饶，人们强壮且长寿。那里生长一种极好的谷物，一年可以收获三次。牛、羊、骆驼、糖、蜜、丝、布等物品尤其丰富。

再往北有古里亚加纳，土地贫瘠，人们都露天居住，以捕鱼和狩猎为生。分布有寡斯大人，性格善良，也以捕鱼为业。那里有座山，山上有两个泉眼，分别涌出稠密如脂膏的红色和墨色的液体。

花地、新拂郎察、瓦革了、农地

【原文】

北亚墨利加西南有花地，富饶，好战不休，不尚文事。男女皆裸体，仅以木叶或兽皮蔽前后，间饰以金银、缨络。人皆牧鹿，若牧羊然。亦饮其乳。

有新拂郎察，因西土拂郎察人所通，故名。地旷野多险峻，稍生五谷，土瘠民贫。亦嗜人肉。

有瓦革了，本鱼名，因海中产此鱼甚多，商贩往他国，恒数千艘，故以鱼名其地。土瘠人愚，纯沙，不生五谷。土人造鱼腊时，取鱼头数万，密布沙中，每头种谷二、三粒，后鱼腐地肥，谷生畅茂，收获倍于常土。

有农地，多崇山茂林，屡出异兽。人强力果敢，搏兽取皮为裘，亦为屋，缘饰以金银为环，钳项穿耳。近海一大河，阔五百里，穷四千里不得其源，如中国黄河。

【译文】

北亚墨利加的西南部有一个名为花地的地方，土地富饶，人们喜爱战斗，很少休战，不重视文化事务。男女都赤身裸体，只用树叶或兽皮遮盖前后身，同时佩戴金银饰品和缨络作为装饰。人们以牧鹿为生，类似于牧羊，也喝鹿的乳汁。

还有一个地方叫新拂郎察，因为与西方的拂郎察人有通商往来，所以用此来命名。荒野地区多险峻的山脉，只有零星一些地方适合种植五谷，但土地贫瘠，人民贫困。他们也喜欢吃人肉。

还有一个地方叫瓦革了，瓦革了本是一种鱼的名称，因为当地海中多产此鱼，商人们常常往其他国家出售，船只络绎不绝，因此以这种鱼的名字来给该地命名。该国土地贫瘠，人民愚昧，土壤是沙质土，不生产五谷。当地人制作鱼腊，经常取数万条鱼头，密密地埋在沙中，每个鱼头种上二到三粒谷子，待鱼腐烂后，土地肥沃，谷物生长茂盛，收获的谷物比一般土地多出数倍。

国内有农业生产用地，多高大的山脉、茂密的森林，时常出现奇异的野兽。人们强壮果敢，与野兽搏斗取其皮毛作为皮袍，也用来建造房屋，人们用金或银的圆环戴在耳朵和脖子上作为首饰。附近有一条宽五百里的大河，向上游探寻四千里也没有找到它的源头，类似于中国的黄河。

鸡未腊、新亚泥俺、加里伏尔泥亚

【原文】

北亚墨利加西为鸡未腊，为新亚泥俺，为加里伏尔尼亚。地势相连，国俗略同，男妇皆衣羽毛及虎、豹、熊、罴等裘，间以金、银饰之。其地多大山，一最大者，高六七十里，广八百里，长三四千里，山下终岁极热，山半温和，山巅极冷。频年多雪，盛时深六七尺，雪消，一望平涛数百里。山出泉极大，汇为大江数处，皆广数百里。树木茂盛，参天蔽日，松木腐烂者，蜂就作房，蜜莹白，味美。采蜜者预次水边，候蜂来，随之去，获蜜甚多。独少盐，得之如宝。相传舐之不忍食。狮、象、虎、豹等兽成群，皮甚贱。雉大者，重十五六斤，多雷电，树木恒被震坏。有小鸟如雀，于枯树啄小孔千数，每孔藏一粟，为冬月之储。

【译文】

北亚墨利加的西部分别有鸡未腊、新亚泥俺和加里伏尔尼亚三个地方。这些地方地势相连，风俗略有相似之处。男人和妇女都穿着羽毛和虎、豹、熊、罴等动物的皮毛制成的裘皮，同时佩戴金银饰品。这些地方有许多大山，其中最大的一座高达六七十里，宽有八百里，长三四千里。山脚下一年四季极热，半山腰处温和，山顶则极冷。每年冬季都有大雪，雪最大时积雪深达六七尺，雪融化后，融雪水形成的河流蜿蜒百里。山中涌出大量泉水，汇成多处大江，各处的江面都广阔数百里。树木茂盛，参天蔽日，蜜蜂在腐朽的松木上筑巢，产出晶莹白净的蜜，味道鲜美。采蜜者通常在水边等待蜜蜂，然后跟随它们前往蜂巢，获得大量蜜。这些地方缺少盐，一旦得到盐就将它视作珍宝。相传当地人舐一口盐都舍不得吞咽。狮子、大象、虎、豹等野兽成群结队，它们的皮毛非常廉价。重十五六斤的大雉鸟，常常遭受雷击，树木也经常受雷击而坏。还有一种像雀鸟的小鸟，在枯树上啄出数千个小孔，每个小孔里放一粒谷子，作为冬季的储备粮。

西北诸蛮方

【原文】

北亚墨利加地愈北，人愈野，无城郭、君长、文字，数家成一聚落，四周以木栅为城。其俗好饮酒，日以仇杀为事，即平居亦以斗为戏，以牛羊相赌。凡壮男出战，一家老弱妇女咸持斋祈胜；战胜，家人迎贺。断敌人头筑墙，若再战，临行，其老人指墙上髑髅相劝勉；其女人则砍其指骨，连为身首之饰。人肉三分之，一祭所事魔神，一赏战功，一给持斋助祷者。若获大仇，削其骨二寸许，凿颐作孔，以骨栽入，露寸许于外，用表其功。颐有树三骨者，人咸敬畏。战时家中宝物皆携去，誓不反顾，以期必胜。其尚勇好杀如此。盖由地本富饶，人家星列，无君长、官府以理法断其曲直，故小小争竞，便相攻杀。

【译文】

越往北亚墨利加以北的地方，那里的人越野蛮，没有城郭、君长和文字，几个家庭聚在一起形成一个村落，四周用木栅作为城墙。他们喜欢饮酒，以仇杀为乐，即使在平时也以争斗为乐，用牛羊进行赌博。每当壮年男子外出作战，家中的老人、孩子和妇女都禁食祈祷以求胜利；获胜后，家人迎接祝贺。敌人的头颅被用来筑墙，如果再次出征，临行前，老人会指着墙上的骷髅骨激励出征的人；而女人则砍掉自己的手指骨，连同敌人的头骨一起作为装饰。人肉被分成三部分，一部分用来祭祀邪恶神灵，一部分作为战功奖赏，一部分给进行禁食祈祷的人。如果取得重大胜利，会削去敌人骨头约两寸，凿开颧骨做一个孔，将削下来的骨头插入，露出约一寸，以表彰他们的功绩。人们都敬畏颧骨有三根骨头的人。战斗时家中的财宝都被带走，发誓不回头，以期战胜。他们崇尚勇武和杀戮到这种地步。人们有这种个性大概是因为这些地方本来就富饶，他们居住得都很分散，没有君长、官府来管理和裁决是非曲直，所以小小的争斗就相互攻击和杀害。

【原文】

此地人多力，女人亦然。每迁徙，什物、器皿、粮糗、子女共作一驼，负之而行，上下峻山，如履平地。坐则以右足为席。男女皆饰发为事，首饰甚多，亦带螺、贝等物。男女皆垂耳环，若伤触其耳及环为大辱，必反报之。居屋卑隘，门户低，皆以备敌。昔年信魔，持斋极虔，斋时绝不言语，日仅食菽一握，饮水一杯。凡将与人攻战，或将渔猎耕获，或将喜乐宴饮，或忽遇仇家者，辄持斋，各有日数。耕者祀兔、鹿，求不伤稼；猎者祭大鹿角，以求多获。鹿角大者长五六尺，径五六寸。有大鸷鸟，所谓鸟王，巫藏其干腊一具，亦以为神。猎者祭之。巫觋甚多，凡祈晴雨，于众石中寻取一石，仿佛似物形者，以为神而祭之。一日不验，即弃去，别求一石。偶值晴雨，辄归功焉。

【译文】

这些地方的人们包括女人在内都身强体壮。每次迁徙，所有的物品、器皿和食物由子女一起放在一头骆驼上运走，即使上坡下坡的陡峭山路，都像走在平地上一样。他们坐下时垫坐右脚之上。男女都喜欢梳妆打扮，头上戴有许多装饰品，比如海螺、贝壳等饰品。男女都佩戴耳环，如果不小心伤到他们的耳朵或耳环，会被视为对他们最大的侮辱，他们必将进行报复。他们的住房简陋狭窄，门户低矮，都是为了防备抵御敌人。过去人们信奉邪灵，为此进行非常虔诚的斋戒，斋戒期间绝对不能说话，每天只吃一把豆子和喝一杯水。每当准备打仗、渔猎、耕种和收获，或有喜事宴请或忽遇仇敌，都会进行禁食斋戒，斋戒的天数各有不同。从事耕作的人祭祀兔子和鹿，以求庄稼不受伤害；猎人则祭祀大鹿角，以求多多获得猎物。大鹿角有时长达五六尺，直径五六寸。有一种大鹰鸟被称为鸟王，巫师将其风干的尸体藏起来，尊其为神灵。猎人们也会祭祀它。巫师们非常多，每当祈求天晴或降雨时，会在众多石头中寻找一块看起来像物体形状的石头，将其视为神灵并进行祭祀。如果某一天所求之事没有成功，就会抛弃这块石头，再去寻找另一块。如果恰好遇到晴天或下雨，他们就会归功于这些石头。

【原文】

近欧逻巴行教士人劝令敬事造物真主，戒勿相杀，勿食人，遂翕然一变。又强毅有恒心，既改，永不犯。俗富足好施，每作熟食置门首，任往来者取之。

【译文】

最近，来自欧逻巴的传教士劝告人们要敬畏造物主，戒除相互杀戮和吃人行为，于是当地人发生翻天覆的变化。他们性格坚毅有恒心，一旦改变，就再也不会犯这些罪过。人们生活富足并慷慨施舍，常将烹饪熟食放在门前，供来往之人取用。

亚墨利加诸岛

【原文】

两亚墨利加之岛不可胜数，大者为小以西把尼亚，为古巴，为牙买加等。气候多热，草木花实，终岁不断。产一异草，食之杀人，去其汁则甚美，亦可为粮。有毒木，人过其影即死，手持枝叶亦死，觉中其毒，亟沉水中可免。有鸟，夜张其翼，则发大光，可自照。野猪猛兽纵横原野。土人善走，疾如奔马。又能负重，足力竭后，以针刺股，出黑血少许，则疾走如初。取黄金，一岁限定几日。

又有一岛，女人善射，甚勇猛。生数岁即割右乳，以便弓矢。昔商舶行近此岛，遇女子荡小舟来，射杀商舶二人，去如飞，不可追逐。

更有一岛，土人言其泉水甚异，于日未出时，往取其水，洗面百遍，老容可复少。

又有一岛，墨瓦兰尝过此，不见人物，谓曰无福岛。

一珊瑚岛，以多生珊瑚树，故名。

有新为匿岛，甚大，似利未亚之为匿，故亦以为名。

【译文】

两亚墨利加有无数岛屿，其中最大的是小以西把尼亚、古巴和牙买加等岛屿。那里气候炎热，草木常绿，花果不绝。这里出产一种特殊的草，食用可致人死亡，去除其中的汁液后味道极美，也可作为粮食。还有一种有毒的木材，人经过其树荫就会死亡，即使手触摸其枝叶也会丧命。若察觉到中毒，迅速沉入水中可以脱险。这里还有一种鸟，夜间展开翅膀会发出强光，可照亮周围。野猪和凶猛的野兽在原野上游荡。当地人善于奔跑，速度快如奔马。他们也能负重前行，当脚力耗尽后，用针刺大腿，流出少量黑色血液，便能再次迅速奔跑。这里一年中仅有几天允许开采黄金。

还有一座岛屿，岛上的女人擅长射箭，非常勇猛。她们到一定年龄就会割掉右乳，这样更方便射箭。从前商船靠近这座岛屿时，遇到女子划着小船过来，射杀商船上的两人，然后迅速离去，无法追踪。

另外还有一座岛屿，当地人说那里的泉水非常神奇，在日出之前去取水，洗脸百遍容颜便可返老还童。

另一座岛屿墨瓦兰曾经到过那里，但没有看到任何人，于是把它称为无福岛。

有一座珊瑚岛，因为生长着大量珊瑚树得名。

还有一座名为新为匿的大岛，类似于利未亚的为匿，因此得名。

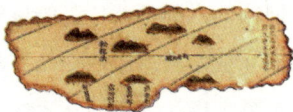

墨瓦腊泥加洲

【原文】

天下第五大洲，曰墨瓦腊泥加。先，阁龙诸人已觅得两亚墨利加，西土以西把尼亚国王复念地为圆体，徂西自可达东，向至亚墨利加，海道遂阻，必有西行入海处。于是选海舶舟师，裹糇粮甲兵，命一强力之臣墨瓦兰者往访。墨瓦兰承命，沿亚墨利加东偏纡回数万里，辗转经年，人情厌斁，辄思返国。墨瓦兰惧无以复命，拔剑下令曰："有言归国者斩！"舟人震慑，贾勇而前。忽得海峡，亘千余里，海南大地，又恍一乾坤。墨瓦兰率众巡行，只见平原漭荡，杳无涯际，入夜磷火星流，弥漫山谷，因命为火地。他方或以鹦鹉名洲者，以其所产鹦鹉。亦此大地之一隅。谓墨瓦兰开此区，遂以其名命曰墨瓦腊泥加。

【译文】

墨瓦腊泥加是天下第五大洲的名称。早先，阁龙等人已经发现了两个亚墨利加岛屿，西方的以西把尼亚国王再次提及地球为圆形，从西边可以到东边，直到亚墨利加海上道路被阻断，肯定还有一处可以向西进入海洋的地方。于是选择海船船队，装备食粮、武器和盔甲，派遣一位能力极强的臣子墨瓦兰前往探寻。墨瓦兰接受命令，沿着亚墨利加的东侧曲折回旋数万里，历经多年辗转，船员都感到疲厌，都想返回故土。墨瓦兰担心没有办法禀告国王，挥剑下令说："任何再提回国的人都斩首！"船员们受到震慑，于是鼓起勇气再次勇敢前行。突然某天在他们眼前出现一条海峡，横跨千余里，海峡南边的大地，又恍如一个新世界。墨瓦兰率领众人巡查该地，只见平原广袤无垠，看不到边际，夜晚磷火如星般闪耀游走，布满山谷，于是将其命名为火地。其他地方也可能因为产出鹦鹉而被称为洲，就像这片大地的一个角落一样。因墨瓦兰开拓了这片地区，因此以他的名字将这片大地命名为墨瓦腊泥加。

【原文】

墨瓦兰既逾此峡，入太平大海，自西复东，直抵亚细亚马路古界，度小西洋，越利未亚大浪山而北折遵海，还报本国。遍绕大地一周，四过赤道下，历地三十万余里，从古航海未有若斯者。名其舟为胜舶，言战胜风涛之险，奏巡方伟功。其人物、风俗、山川、畜产、鸟兽、虫鱼俱无传说，即南极度数、道里远几何，皆推步未周，不漫述。以俟后或有详之者。

【译文】

墨瓦兰穿越这条海峡，进入太平洋，从西到东，直抵亚细亚马路古界，穿过小西洋，越过利未亚大浪山向北，沿海而行返回本国。绕行地球一周，横跨赤道以南，总计行程三十多万里，航海以来的先驱还没有像他这样的壮举。他的船被称为胜舶，意味着战胜风浪险阻，四下展现伟大功绩。关于墨瓦腊泥加的人物、风俗、山川、畜产、鸟兽、虫鱼等方面没有传说可寻，南极地区的经纬度距离也未完全测量，所以就不再漫说。等待以后有更详尽的记载。

四海总说

造物主化成天地，四行包裹，以渐而坚凝，火最居上，火包气，气包水，土则居于下。是环地面皆水也。造物主于是别地为高深，而水尽行于地中，与平土各得什五，所潴曰川、曰湖、曰海。川则流，湖则聚，海则潮。川与湖不过水之支派，海则众流所钟，称百谷王，故说水必详于海。

造物主创造天地，水、火、气、土四行相互交织，逐渐凝聚，其中火位居最上层，火包含气，气包含水，土则位于最下层。因此地表被水环绕。造物主于是将地分成高低不等，水全部流入地下，平坦的土地和水各占十分之五，所聚集的称为河川、湖泊和海洋。河川是流动的水，湖泊是水的聚集，海洋则是涨潮。河川和湖泊只是水的一部分，而海洋是众多河流的聚集之地，被称为百谷之王，因此讲述水的时候必然详细描述海洋。

196

【原文】

有二焉：海在国之中，国包海者，曰地中海。国在海之中，海包国者，曰寰海。寰海极广，随处异名。或以洲域称：近亚细亚者，谓亚细亚海；近欧逻巴者，谓欧逻巴海；他如利未亚、亚墨利加、墨瓦腊泥加及蕞尔小国，皆可随本地所称。或随本地方隅命之：在南者，曰南海；在北者，谓北海；东西亦然。兹将中国列中央，从大东洋至小东洋为东海，从小西洋至大西洋为西海，近墨瓦腊泥一带为南海，近北极下为北海，地中海附焉，天下之水尽于此矣。

【译文】

在其中有两种：国家中有海，包围海的国家称为地中海；海洋中有国家，被海洋包围的国家称为寰海。寰海非常广阔，各地有不同的名称。有些根据洲域来称呼：靠近亚细亚的称为亚细亚海；靠近欧逻巴的称为欧逻巴海；其他地方如利未亚、亚墨利加、墨瓦腊泥加等小国，都可以根据本地的称呼来命名。也可以根据本地方位来命名：在南方的称为南海，在北方的称为北海，东西方向也是如此。在这里将中国列为中央，从大东洋到小东洋为东海，从小西洋到大西洋为西海，靠近墨瓦腊泥一带的为南海，靠近北极下方的为北海，地中海与之相连，天下的水就在这里汇集。

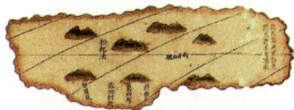

海状

地心重浊，水附于地，到处就其重心，故地形圆，水势亦圆。隔数百里，水面便如桥梁，登桅望之，则见其前或夷或险，但海中夷险，各处不同，惟太平海极浅，亘古至今，无大风浪。大西洋极深，深十余里，从大西洋至大清海，四十五度以南，其风常有定候。至四十五度以北，风色错乱不常。尤异者，在大清海东南一隅，有异风变乱凌杂，倏忽更二十四向，海舶任风而飘。风、水又各异道，如前南风，水必北行；倏转为北风，水势尚未趋南，舟莫适从，因至摧破。

【译文】

地心沉重而浑浊，水附着于地，四下依附重心，所以地形是圆的，水势也是圆的。相隔数百里，水面就像一座桥梁，登上船桅往前看，会看到前方海面有的平坦、有的险峻，但海中的平坦和险峻各不相同。唯独太平海异常浅，从古至今没有大风浪。大西洋极深，深度超过十里，从大西洋到大清海，在南纬45度以南，常有固定的风向。至北纬45度以北，风向变幻不定。尤其奇特的是，在大清海东南角，有风向变化混乱，有时突然改变方向，船只任凭风向漂荡。风和水各自有不同的路径，如南风吹时，水必向北流；突然转为北风时，水尚未改变方向向南流，船只无法顺应，结果被摧毁。

【原文】

小西洋海潮极高、极迅急，顷刻涌数百里，海中大舶及蛟龙鱼鳖乘潮势，涌入山中不可出。欧逻巴新增利未亚大浪山①，亦时起风浪险急，至满喇加海，无风倏起浪。又不全海皆然，惟里许一处，以次第兴，后浪将起，前浪已息。利未亚海近为匿亚之地，当赤道下者，常苦无风。天气酷热，舶至此，食物俱坏，人易生疾。海深不得下碇，舶大不能用橹，海水暗流及潮涌至浅处，坏者多在于此。至北海，则半年无日，气候极寒而冰，故曰冰海。舶为冰坚所阻，直守至冰解方得去。又苦海中冰块为风击，堆叠成山，舶触之，定为齑粉。

【注释】

①　大浪山：好望角的旧称。

【译文】

小西洋的浪极高，极其迅急，顷刻间能涌起数百里，海中的大型船只和蛟龙、鱼鳖乘着潮水涌入山中无法出来。欧逻巴新增利未亚大浪山（好望角一带），这里时常风浪危急，一直到满喇加海，即使没有风也会产生浪。当然，并不是整个海域都是如此，只有里许的一个地方，后浪将起，前浪已息。利未亚海靠近匿亚之地，在赤道以下的地方，常常没有风。当地天气酷热，船只到达此地，食物都会腐烂，人们容易生病。海水深处无法下锚，大型船只无法使用桨，海水的暗流和潮涌到浅处破坏船舶，大多发生在此地。至于北海，半年中没有太阳，气候极寒而且结冰，因此称之为冰海。船只困于冰中，必须等到冰融化。海中冰块被风吹，堆积成山，船只碰触其中，必定粉碎成渣。

【原文】

　　凡海中色，大率都绿。惟东、西二红海，色淡红。或云海底珊瑚所映，亦非本色。近小西洋一处，入夜海水通明如火，持器汲起，满器俱火光，滴入掌中，光亦莹然可玩，后渐消灭。

【译文】

　　海的颜色大多是绿色。唯独东海和西海呈现淡红。也有人说是海底珊瑚所映照的结果，不是海本身的颜色。靠近小西洋的某个地方，夜晚海水通明如火，用器皿将海水汲取上来，器皿里都是火光，滴在手掌上，光芒也晶莹闪烁可玩赏，之后渐渐消失。

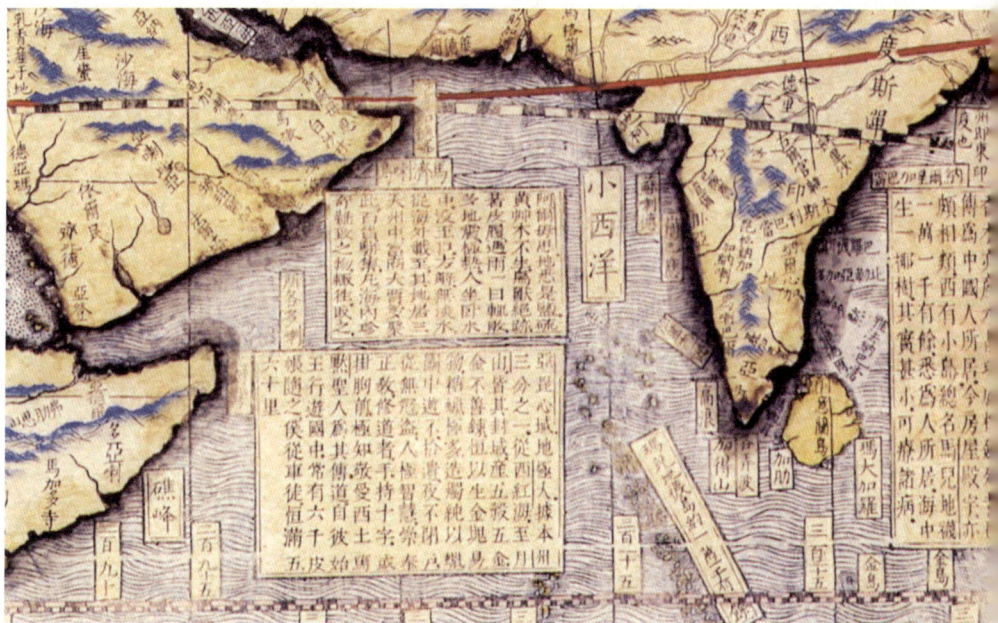

小西洋

选自《坤舆全图》清代木版笔彩本　收藏于日本神户市立博物馆

海族

【原文】

海族不可胜穷。自鳞介外，凡陆地走兽，海中多有相似者。鱼族一名把勒亚，身长数十丈，首有二大孔，喷水上出，势若悬河。见海舶，则昂首注水舶中，顷刻水满舶沉。遇之者以盛酒巨木罂投之，连吞数罂，俯首而逝。浅处得之，熬油可数千斤。

【译文】

海洋中的生物无穷无尽。除了有鳞的外，陆地上的走兽在海中也有很多相似的存在。有一种名为把勒亚的鱼，身长数十丈，头部有两个巨大的孔，能够向上喷出水柱，宛如悬挂的河流。当它看到海船时，就会抬头向船中注水，瞬间船被水淹满沉没。遇到它的人会用装满酒的木桶投掷，它连吞几个，然后低头离去。如果在浅水处捕捞到它，可以熬制出数千斤鱼油。

【原文】

一鱼名斯得白，长二十五丈，性最良，能保护人。或渔人为恶鱼所困，此鱼往斗，解渔人之厄。故国法禁人捕之。

一名薄里波，其色能随物变。如附土则土色，附石如石色。

一名仁鱼，西书记此鱼尝负一小儿登岸，偶以鬐触伤儿，儿死，鱼不胜悲痛，亦触石死。西国取海豚，尝取仁鱼为招。每呼仁鱼入网，即入；海豚亦与之俱。俟豚入尽，复呼仁鱼出网，海豚悉罗。

一名剑鱼，嘴长丈许，有齵刻如锯，猛而多力，能与把勒鱼战，海水皆红，此鱼辄胜。以嘴触船则破，海舶甚畏之。

一鱼甚大，长十余丈，阔丈余。目大二尺，头高八尺，口在腹下，有三十二齿，齿皆径尺，颐骨亦长五六尺。迅风起，尝冲至海涯。

一鱼甚大有力，海舶遇之，其鱼竟以头尾抱舶两头。舟人欲击之，恐一动，舟必覆。惟跪祈天主，须臾解去。

【译文】

还有一种名为斯得白的鱼，长约二十五丈，性情非常善良，可以保护人。有时渔民被恶鱼困在海中，这种鱼会前来参与争斗，解救渔民。因此国家法律禁止人们捕捉它。

还有一种名为薄里波的鱼，它的颜色可以随物体的变化而变化。例如附着在土上就会呈现土色，附着在石头上就会呈现石色。

还有一种名为仁鱼的鱼，据西方记载，这种鱼曾经背着一个小孩上岸，不小心用鳍触伤了孩子，孩子死了，鱼也悲伤得碰石而死。西方国家捕捉海豚时，常常使用仁鱼作为诱饵。渔民每次呼唤仁鱼进入渔网，它就会进入；海豚也会与之一同进入网中。当海豚全部进入后，再呼唤仁鱼出网，海豚都会被捕获。

还有一种名为剑鱼的鱼，嘴长约丈许，有像锯子一样的牙齿，凶猛且有力量，能与把勒鱼进行战斗，战斗时海水都会被染红，剑鱼每次都会取胜。它的嘴一旦触碰船只，就会使船被破损，海船非常害怕它。

有一种非常巨大的鱼，长度十余丈，宽度超过一丈。眼睛有两尺大，头部高达八尺，口在腹部下方，有三十二颗直径一尺的牙齿，下颚骨也有五六尺长。当迅风起时，曾经被冲到海的尽头。

还有一种鱼，十分庞大并且很有力量，当海船遇到它时，这种鱼竟会用头和尾抱住船的两端。船员想要击打它，但担心一动它船只就会翻覆。只能跪下祈求天主，片刻后它就离开了。

【原文】

一如鳄鱼，名剌瓦而多，长尾坚鳞甲，刀剑不能入，足有利爪，锯牙满口，性甚狞恶。入水食鱼，登陆人畜无所择。百鱼远近皆避，第其行甚迟，小鱼百种尝随之，以避他鱼吞唼。生子初如鹅卵，后渐长，以至二丈。每吐涎于地，人畜践之，即仆，因就食之。凡物开口皆动下颏，此鱼独动上腭，口中无舌。冬月则不食物。人见却走，必逐而食之；人返逐之，彼亦却走。其目入水则钝，出水极明，见人远则哭，近则噬，故西国称假慈悲者为"剌瓦而多哭"。独有三物能制之：一为仁鱼，盖此鱼通身鳞甲，惟腹下有软处，仁鱼鬐甚利，能刺杀之；一为乙苟满，鼠属也，其大如猫，善以泥涂身令滑，俟此鱼开口，辄入腹，啮其五脏而出，又能破坏其卵；一为杂腹兰，香草也，此鱼最喜食蜜，养蜂家四周种杂腹兰，即弗敢入。

【译文】

还有一种像鳄鱼的鱼，名为剌瓦而多，尾巴坚硬有鳞甲，刀剑不能刺入，有锐利的爪子和满口锯齿，性情非常凶恶。它进入水中捕食鱼类，登陆时则无所顾忌攻击人和家畜。百鱼都远远躲避，它行动缓慢，各种小鱼常跟随它以避免被其他鱼吞噬。它的幼仔初生时像鹅蛋一样小，后来逐渐长大，能长到两丈长。它每次吐出涎水在地上，人和家畜踩上去就会倒下，然后被它吞食。所有的生物开口都是下颚运动，唯独这种鱼上颚活动，它没有舌头。它冬天不吃东西。人若一见到它就逃跑，它必定会追上人并将其吞食；人转身追赶它，它又会逃走。它的眼睛入水后就变得迟钝，出水时非常明亮，看到人在远处就会哭泣来引诱人，靠近了就会咬噬。因此西方国家称假慈悲的人为"剌瓦而多哭"。只有三样东西能够制服它：一是仁鱼，因为它全身有鳞甲，只有腹部下方有软处，仁鱼的鱼鳍非常锋利，能够刺杀它；一是乙苟满，一种类似老鼠的动物，体型像猫一样大，善于用泥涂抹身体使其变得光滑，等这种鱼张开嘴巴，立即进入其腹中，咬食其五脏后再出来，还能破坏它的卵；一是杂腹兰香草，这种鱼最喜欢吃蜜，所以养蜂人在周围种植杂腹兰，它就不敢靠近。

【原文】

有名落斯马，长四丈许，足短，居海底，罕出水面。皮甚坚，用力刺之不可入。额有二角如钩，寐时以角挂石，尽日不醒。昔西舶就一海岛缆舟，登岛行游，复在岛造作火食。渐次登舟，解维不几里，忽闻起大声，回视所登之岛已没，方知是一鱼背。

【译文】

还有一种名为落斯马的鱼，长度约四丈，脚很短，生活在海底，很少浮出水面。它的表皮非常坚硬，用力刺也无法穿透。它的额头上有两个像钩子一样的角，在睡觉时用角挂在石头上，整天都睡不醒。曾经有西方船只靠近一个海岛，停泊船只上岛游玩，并在岛上生火烹食。游玩完逐次登上船后，解开缆绳还没几里，突然听到大声响，回头看，发现刚刚登上的岛屿已经沉没，才知道是登上了一条落斯马鱼的背部。

【原文】

有兽，形体稍方，其骨软脆。有翼，能鼓大风，以覆海舟。其形亦大如岛。

又有一兽，二手二足，气力猛甚，遇海舶，辄颠倒播弄之，多遭没溺，称为海魔。

【译文】

有一种兽类，形状有些方正，骨骼柔软脆弱。它有翅膀，能够鼓起大风，以至于颠覆海船。它也像一个岛屿一样大。

还有一种兽，两只手，两只脚，力气非常强大。遇到海船，会颠簸抛弄它，经常导致船只沉没，被称为海魔。

【原文】

其小者有飞鱼，仅尺许，能掠水面而飞。有狗鱼，善窥飞鱼之影，伺其所向，先至其所，开口待唊。恒追数十里，飞鱼急辄上舟，为人得之。舟人以鸡羽或白练飘扬水面，上着利钩，狗鱼认为飞鱼，跃起吞之，为舟人所获。

又有麻鱼，状极粗笨，饥饿时潜于海底鱼聚处，凡鱼近其身，即麻木不能动，因而食之。倘人以手足近之，亦必麻木。

又海虾蟆产地中海，与石同色。饿时潜身石内，鼻吐一红线如小蚯蚓，以饵小鱼。众鱼误以为石内小虫，群争食之，咸入其口。

西红海内产风鱼，可以占风。国人晒干，挂于房内，以其身首所向，即为风起之方。

有介属之鱼，仅尺许，有壳，六足，足有皮。如欲他徙，则竖半壳当舟，张足皮当帆，乘风而行，名曰船鱼。

有蟹，大逾丈许，其螯以钳人首，人首立断；钳人肱，人肱立断。其壳覆地如矮屋然，可容人卧。

【译文】

其中较小的一种是飞鱼，只有一尺左右大小，能够掠过水面飞翔。还有狗鱼，善于窥视飞鱼的影踪，暗中观察它的方向，先到达它要飞奔的位置，张开口等待着。为吃飞鱼常常追逐数十里，飞鱼一旦被逼急了，就会跃上船只被渔人捕获。船员以鸡的羽毛或白练漂在水面上，上面装着锋利的钩子，狗鱼会误以为是飞鱼，跃起来吞食，从而被船员捕获。

还有麻鱼，形状粗笨，饥饿时潜藏于海底的鱼群附近，一旦有鱼靠近它的身体，就会麻木无法动弹，然后被它吃掉。如果人用手或脚接近它，也会麻木。

另外，海中有一种虾蟆，产于地中海，与石头颜色相同。当它饥饿时，会隐藏在石头内部，从鼻孔吐出一根类似小蚯蚓的红线，用来作为诱饵吸引小鱼。其他鱼类误以为是石头里的小虫子，争相食用，结果都被它吞进嘴里。

西红海内产风鱼，可以预测风向。当地人将其晾干，挂在房内，根据它的身体和头部朝向，可以判断风起的方向。

还有一种介属鱼，只有一尺左右大小，有壳，六只脚，脚上有皮。如果它想要迁徙，就竖起半个壳当作船，展开脚上的皮当作帆，依靠风力行进，被称为船鱼。

还有一种蟹超过丈许大小，它的钳子能夹住人的头部，一旦夹住，人的头就会立即断裂；夹住人的臂膀也会立即断掉。它的壳放置在地面上像一座矮屋足够人躺在上面。

【原文】

有海马，其牙坚白莹净，文理细如丝发，可为念珠等物。复有海女，上体是女人，下体为鱼形。其骨为念珠等物，可止下血。二者皆鱼骨中上品，各国贵重之。

【译文】

有一种海马，它的牙齿坚硬白净，纹理细腻如丝发，可以用来制作念珠等物品。还有海女，上半身是女性，下半身是鱼的形状。它们的骨骼可以用来制作念珠等物品，具有止血的作用。它们的骨骼都是鱼骨中的上等品，各国都认为很贵重。

【原文】

海鸟有二种，一宿岛中者，日常飞飏海面，海舶遇之，可占海岛远近。一生长海中，不知登岸。舶上欲取之，以皮布水面，以钩着饵置皮上，鸟就食，辄可钩至，若钓鱼然。

有鸟能捕鱼者，身生皮囊如网，入水，裹鱼而出，人因取之。

【译文】

海鸟有两种，一种栖息在岛上，日常飞翔在海面上，当海船遇到它们时，可以据此判断海岛的远近。另一种生长在海中，不知道登陆。如果想在船上捕捉它们，可以在水面上铺上皮布，用钩子挂上诱饵，这种鸟会前来觅食，就像钓鱼一样很容易钩到它们。

有一种鸟能捕鱼，它身上长有像渔网一样的皮囊，进入水中带着包裹在皮囊里的鱼出来，人们因此捕捉它。

【原文】

又有极异者，为海人。有二种，其一通体皆人，须眉毕具，特手指略相连，如凫爪。西海曾捕得之，进于国王。与之言，不应；与饮食，不尝。王以为不可狎，复纵之海，转盼视人，鼓掌大笑而去。二百年前，西洋喝兰达地曾于海中获一女人，与之食，辄食，亦肯为人役使，且活多年。见十字圣架，亦能俯伏，但不能言。其身有肉皮，下垂至地，如衣袍服者然，但着体而生，不可脱卸。二者俱可登岸，第不识其性情，莫测其族类。又不知其在海宅于何所。似人非人，良可怪。

【译文】

另外还有一种非常奇异的生物被称为海人。它们有两种类型，其中一种全身都像人，长有鬓发和胡须，特殊的是，他们手指之间稍微相连像鸭的爪子。西海曾经捕获过这种生物，进献给国王。国王与它们交谈，它们没有回应；给它们食物也不吃。国王认为无法与它们亲近，就放它们回海里，这时它们转过头看人，拍手大笑然后离开。两百年前，西洋的喝兰达地海域曾经捕获一位女人，给她食物就吃，她也愿意服侍人类并且活了很多年。她见到十字圣架时，也能俯伏以示尊敬，但无法说话。她的身体有肉皮，下垂至地，像穿着长袍一样，但肉皮长在身体上，无法像衣服一样脱下。这两种生物都能登上岸，但无法通晓它们的性情，也无法推测它们的种类。而且不知道它们在海中居住在何处。它们看起来像人但又不是人，实在令人感到奇怪。

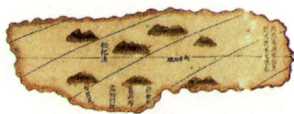

海产

【原文】

海产以明珠为贵，则意兰最上。土人取海蚌，置日中晒之，俟其口自开，然后取珠，则珠鲜白光莹。有大如鸡子者，光照数里。南海皆剖蚌出珠，故珠色黯无光。

【译文】

海中生产的珍珠被视为贵重物品，其中以意兰所产为最好。当地居民捕捉海蚌，将其放在中午太阳下晒，等待它们自行张开口取出珍珠，这样珍珠就会闪耀白光。有些珍珠甚至大如鸡蛋，发出的光可以照亮数里。南海当地都剖蚌取珍珠，因此珍珠的颜色暗淡无光。

【原文】

有珊瑚岛，其下多珊瑚。初在海中，色绿而质软，上生白子。土人以铁网取之，出水便坚。有红、黑、白三色，红者坚而密，白、黑者松脆。大浪山东北有暗礁，水涸礁出，悉是珊瑚。

猫睛、宝石各处不乏，小西洋更多。琥珀则欧逻巴波罗尼亚有之，沿海三千里皆是。因风浪所涌，堆积此地。

龙涎香，黑人国与伯西儿两海最多。有大块重千余斤者，望之如岛，每为风涛涌泊于岸，诸虫鱼兽并喜食之。

【译文】

有珊瑚岛，岛的周围有许多珊瑚。珊瑚一开始在海中是绿色的，质地柔软，上面长着白色的小物体。当地居民用铁网将其捞出，离开水后就变得坚硬。珊瑚有红、黑、白三种颜色，红色的较为坚硬密实，白色和黑色的较为松散、质地较脆。在大浪山东北部附近有一处暗礁，水干涸后礁石暴露出来都是珊瑚。

猫眼石、宝石在各地都很常见，小西洋更是丰富。琥珀则分布于欧逻巴波罗尼亚地区，沿海三千里都是琥珀，这是由于风浪涌起带来堆积在此地。

龙涎香在黑人国和伯西儿两个海域最为丰富。有一块重达千斤的巨大龙涎香，看起来像一座岛屿，每当风涛波浪将其冲击到岸边，各种昆虫、鸟类和动物都喜欢吃它。

海舶

海舶百种不止，约有三等。小者仅容数十人，用以传书信，不以载物。其腹空虚，自上达下，惟留一孔。四围点水不漏，下镇以石。一遇风涛，不习水者尽入舟腹，密闭其孔，涂以沥青，使水不进。操舟者缚其身于樯桅，任水飘荡。其腹空虚，永不沉溺；船底有镇石，亦不翻覆。俟浪平，舟人自解缚，万无一失。一日可行千里。

中者容数百人，自小西洋以达广东，则用此舶。

其大者上下八层，高约八丈，最下一层，镇以沙石千余石，使舶不倾侧震荡。二、三层载货与食用之物。海中得淡水最艰，须装千余大桶，以足千人一年之用。他物称是。上近地平板一层，中下人居之，或装细软、切用等物。地平板外，则虚百步，为扬帆、习武、游戏之地。前后各建屋四层，为尊贵者之居。中有甬道，可通头尾。尾建水阁为纳凉，以待贵者游息。

【译文】

海船种类繁多，大约可分为三类。最小的船只仅能容纳数十人，主要用于传送书信，不装载货物。它们内部中空，自上而下只有一个孔。四周涂上水泥防止漏水，底部用石块压住。一旦遇到风浪，不熟悉水性的人都躲进船腹，将孔密封并涂上沥青，以防水进入。船员则将自己绑在桅杆上，任凭船只在水中漂荡。由于内部中空船只永远不会沉没；船底有石块压住，也不会倾覆。待风浪平息，船员解开绳索便可安然无恙。一天可行驶千里。

中等大小的船只可容纳数百人，从小西洋到广东之间的航程常使用此类船只。

最大的船只上下共有八层，高约八丈，最底层铺满沙石千余石，使船只保持平衡稳定。二、三层用于装载货物和食物。因为在海中获得淡水十分困难，因此需装载千余盛水的大桶以满足千人一年的需求。其他的物品也是这样准备。最上层是平坦的甲板，中下层供人居住，也可用来储存细软和必需物品。甲板之外则是中空区域，用于张帆、练武和娱乐。前后各建四层楼房，供尊贵者居住。其中有走廊，可通向船头和船尾。船尾还有水阁供人避暑，以便贵人休息。

【原文】

舶两旁列大铳数十门，其铁弹有三十余斤重者。上下前后有风帆十余道，桅之大者二十丈，周一丈二尺。帆阔八丈，约需白布二千四百丈为之。铁猫重六千三百五十余斤，其缆绳周二尺五寸，重一万四千三百余斤。

【译文】

船两侧装有数十门大炮，其中铁弹重达三十余斤。上下前后都装上十余面风帆，最大的桅杆高达二十丈，周长为一丈二尺。每个帆面宽八丈，需使用大约二千四百丈白布来制作。铁锚重达六千三百五十余斤，其缆绳周长为二尺五寸，重一万四千三百余斤。

【原文】

　　水手二三百人，将卒铳士三四百人。客商数百。有舶总管贵管一员，是西国国王所命，以掌一舶之事，有赏罚生杀之权。又有舶师三人，通天文二士。舶师专掌候风使帆，整理器用，吹号头，指使夫役探试浅水、礁石，以定趋避。通天文士专掌窥测天文，昼测日，夜测星，用海图量取度数，以识险易，知里道。又有官医，主一舶疾病。有市肆，贸易食物。大舶不畏风浪，独畏山礁、浅沙。又畏火，舶上火禁极严，千人之命攸系。

【译文】

　　水手有二三百人，士兵和炮手有三四百人。还有数百名客商。船只设有一位总管，由国王任命，负责管理船只的事务。他有赏罚、生杀的大权。此外还有三名船师和两名天文学家。船师负责掌握风向，操纵帆船，整理船上的设备、吹响号角，指挥水手试探浅水和礁石，来确定航行方向和需要避开的险滩。天文学家专门观测天文现象，白天观测太阳，夜晚观测星辰，利用海图计算船只的经纬度，以识别险要和安全航道。还有一名国王指定的医生，负责治疗船上的疾病。船上设有市场用来交换或购买食物和日用品。大型船只不畏风浪，却害怕山礁和浅滩。此外，它们还害怕火灾，因此在船上严禁使用火源，数千人的生命都会因为火灾发生危险。

【原文】

　　其起程，但候风色，不选择日时，亦未尝有大失。若多舶同走，大者先行引路。舶后尾楼，夜点灯笼照视，灯笼周二丈四尺，高一丈二尺，皆玻璃板凑成。行海昼夜无停，有山岛可记者，指山岛行。至大洋中，万里无山岛，则用罗经以审方。审方之法，全在海图，量取度数，即知舶行至某处，离某处若干里，了如指掌。

【译文】

　　起航时只需等待适合风向，而不拘泥于特定日期和时间，也很少出现大失误。如果有多艘船同行，较大的船先行引路。船尾的桅杆在夜间点亮灯笼，灯笼周长二丈四尺、高一丈二尺，由玻璃板拼凑而成。整天整夜在海上航行，发现了一些可以记录的山岛，于是便朝着那些山岛前进。到了大洋中没有山岛可以依靠，就要借助罗盘来判断方向。判断方向的方法完全依赖于海图，通过测量和计算经纬度，船只的位置和离某处的距离就了然于心。

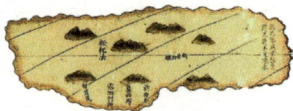

异物图

墨瓦腊泥加洲

【原文】

墨瓦腊泥加洲为南极周围大地，从古航海者未曾通进其内地，未获知其人物、风俗、山川、畜产、鸟兽、鱼虫等何如。故怀仁所镌《坤舆图》，至南极周围空地内，惟绘天下四洲异兽、奇物数种之像而已。

【译文】

墨瓦腊泥加洲可看作是南极周围的大陆，自古以来航海家未曾进入它的腹地，也未获知那里的人物、风俗、山川、动物、鸟类、鱼虫等情况。因此，怀仁所镌刻的《坤舆图》，在南极周围内陆中空缺。只绘制了世界上四个洲的奇特动物和奇异物种形象。

亚细亚洲

【原文】

爪哇岛等处有无对鸟，无足，腹下生长皮如筋，缠于树枝以立身。毛色五彩，光耀可爱，不见其饮食，意惟服气而已。

【译文】

　　爪哇岛等地有种无对鸟，它没有脚，腹部生有像筋一样的长皮，使其能够缠在树上站立。它们羽毛色彩斑斓，闪耀迷人，看不见它们进食，似乎只是吸食空气而已。

《坤舆全图》清绘本(局部)

[比利时]南怀仁　收藏于澳大利亚国家图书馆

【原文】

　　印度国产独角兽，形大如马，极轻快，毛色黄。头有角，长四五尺，其色明，作饮器能解毒。角锐，能触大狮。狮与之斗，避身树后，若误触树木，狮反啮之。

【译文】

　　印度国产独角兽，体型像马一样大，极其敏捷，毛色为黄色。它们头上有一个长四到五尺的角，非常明亮，用它制作饮器具有解毒功效。角尖锐利能刺伤大狮子。当与狮子战斗时，它会躲到树后，如果不慎触碰到树木，反而会被狮子啃食。

独角兽 ▶

选自《坤舆图说》　[比利时] 南怀仁　收藏于法国国家图书馆

【原文】

印度国刚霸亚地产兽名鼻角，身长如象，足稍短，遍体皆红、黄班点，有鳞介，矢不能透。鼻上一角，坚如钢铁，将与象斗时，则于山石磨其角，触象腹而毙之。

【译文】

印度国刚霸亚地产的动物名为鼻角，身体像大象一样长，脚稍短，全身都是红色和黄色斑点，有鳞片覆盖，因此箭是无法穿透的。它们鼻子上有一根坚硬如钢铁的角，当与大象战斗时，会在山石上把角磨锋利，然后刺向大象的腹部致其死亡。

◀ 鼻角

选自《坤舆图说》 ［比利时］南怀仁　收藏于法国国家图书馆

222

【原文】

　　如德亚国产兽名加默良，皮如水汽明亮，随物变色，性行最漫，藏于草木、土石间，令人难以别识。

【译文】

　　如德亚国产一种名为加默良的动物，皮肤像水汽一样透明亮丽，能够随着环境的变化而变色，性情散漫，最擅长躲藏在草木和土石之间，使人很难辨认。

加默良 ▶

选自《坤舆图说》［比利时］南怀仁　收藏于法国国家图书馆

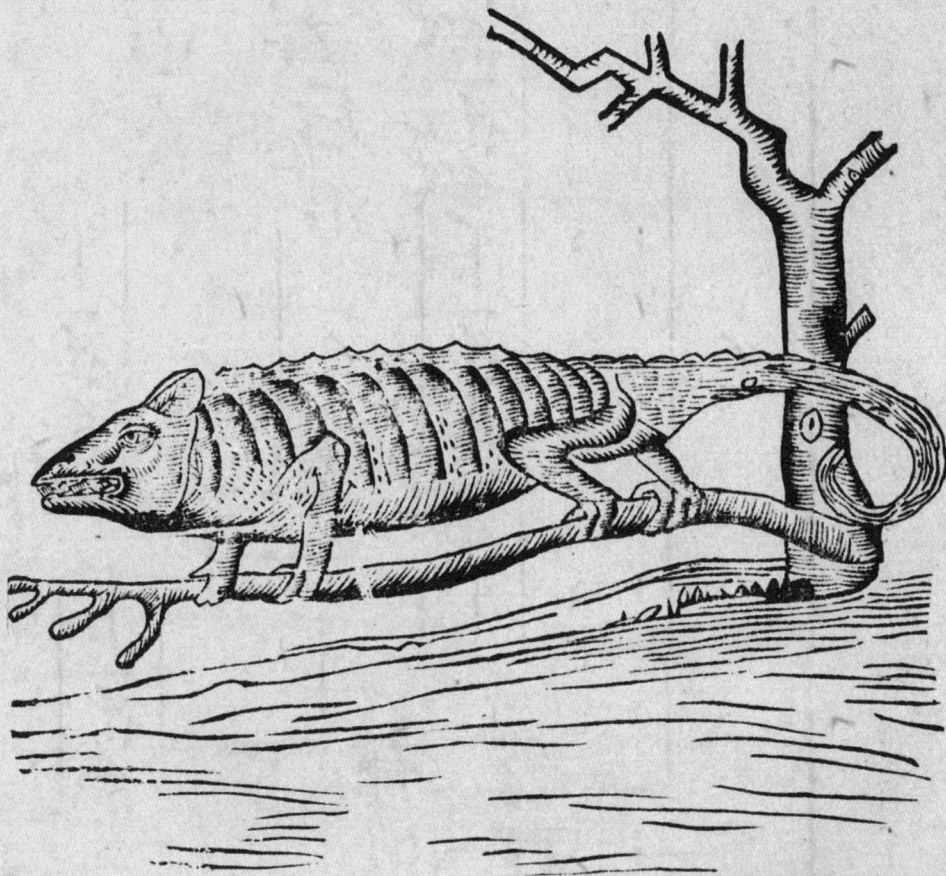

【原文】

　　南印度国产山羊，项生两乳下垂，乳极肥壮，眼甚灵明。

【译文】

　　南印度国产的山羊，颈部生有两个乳房，乳房下垂异常丰满，眼睛非常明亮。

◀ 南印度山羊

选自《坤舆图说》［比利时］南怀仁　收藏于法国国家图书馆

欧逻巴洲

【原文】

　　意大里亚国有河名巴铎，入海河口产般第狗，昼潜身于水，夜卧旱地，毛色不一，以黑为贵，能啮树木，其利如刀。

【译文】

　　意大里亚国有一条名为巴铎的河，河流入海口处有一种名为般第狗的动物，它白天潜身于水中，夜晚则在陆地上休息，它们的毛色各不相同，黑色被认为最为珍贵，能够啮咬树木，牙齿像刀一样锋利。

般第狗 ▶

选自《坤舆图说》 ［比利时］南怀仁　收藏于法国国家图书馆

【原文】

意大里亚国有蜘蛛类，名大懒毒辣，凡蜇人受其毒，即如疯狂。或嬉笑，或跳舞，或仰卧，或奔走，其毒中人气血，比年必发。疗其疾者，依各人本性所喜乐音解之。

【译文】

意大里亚国有一类蜘蛛，叫作大懒毒辣。一旦被它咬一口中毒，人们就像是发疯一样，嬉笑，跳舞，仰卧，奔走。它的毒液进入人血液中次年一定发作。解毒方法需要依照中毒人的本性，用他喜欢的音乐进行化解。

【原文】

里都瓦你亚国产兽名获落，身大如狼，毛黑光润，皮甚贵。性嗜死尸，贪食无厌，饱则走入稠密树林，夹其腹令空，仍觅他食。

【译文】

里都瓦你亚国产一种名为获落的动物，体型像狼一样大，毛色黑而有光泽，它的皮极其珍贵。它们生性喜欢吃尸体，以至于贪婪地进食且永不满足。吃饱后会进入茂密的树林中，夹在两树之间清空自己的胃，然后再寻找其他食物。

◀ 获落

选自《坤舆图说》［比利时］南怀仁　收藏于法国国家图书馆

【原文】

热尔玛尼亚国兽名撒辣漫大辣，产于冷湿之地。性甚寒，皮厚，力能灭火。毛色黑黄间杂，背脊黑长至尾，有斑点。

【译文】

热尔玛尼亚国有一种名为撒辣漫大辣的动物，产于寒冷潮湿的地区。它们性情冷淡，皮肤厚实，有灭火能力。毛色呈黑黄混杂，黑色的脊背一直延伸至尾部，且有斑点。

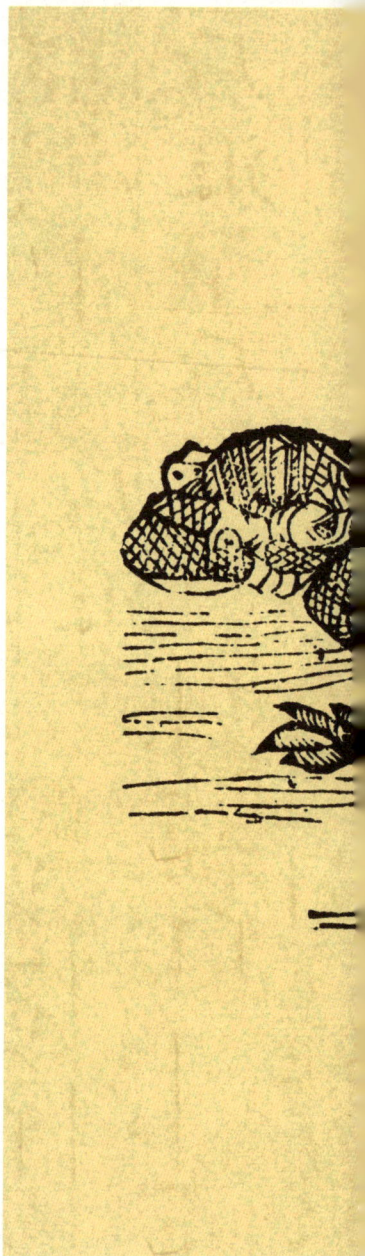

撒辣漫大辣 ▶

选自《坤舆图说》［比利时］南怀仁　收藏于法国国家图书馆

利未亚洲

【原文】

　　额第约必牙国有狸猴兽，身上截如狸，下截如猴，色如瓦灰，重腹如皮囊。遇猎人逐之，则藏其子于皮囊内。窟于树木中，其树径约三丈余。

【译文】

　　额第约必牙国有一种名为狸猴兽的动物，上半身像狸子，下半身像猴子，颜色像瓦片灰色，腹部非常肥胖像皮囊一样。当被猎人追赶时，它会把幼崽藏在自己腹部皮囊里。它们住在树洞中，洞穴的通道大约有三丈长。

◀ 狸猴兽

选自《坤舆图说》［比利时］南怀仁　收藏于法国国家图书馆

【原文】

厄日多国产鱼名喇加多，约三丈余，长尾，坚鳞甲，刀箭不能入。足有利爪，锯牙满口。性甚狞恶，色黄，口无舌，唯用上腭食物。入水食鱼，登陆每吐涎于地，人畜践之即仆，因就食之。见人则哭，近则噬。冬月则不食物，睡时尝张口吐气。有兽名应能满，潜入腹内，啮其肺肠则死。应能满大如松鼠，淡黑色，国人多畜之以制焉。

【译文】

厄日多国产一种名为喇加多的鱼，长约三丈，尾巴长，鳞甲坚硬，普通刀箭无法将其穿透。它们有锋利的爪子和满口锯齿状的牙齿。性情非常凶恶，身体呈黄色，没有舌头，只能用上颚进食。它们会在水中捕食鱼类，在陆地上会吐口水，人或动物一旦踩到它们的口水就会立刻滑倒，然后被它们当作食物吃掉。它们见到人就会哭泣，人一旦靠近查看则会被它们啃咬。在冬天不进食，睡觉时常常张开嘴巴吐气。还有一种名为应能满的动物，趁它们张嘴睡觉时潜入它们的腹中啃咬肺和肠道令其死亡。应能满的体型像松鼠一样大，颜色呈淡黑色，当地人常饲养它们来制服喇加多鱼。

喇加多 ▶

选自《坤舆图说》［比利时］南怀仁　收藏于法国国家图书馆

【原文】

　　利未亚洲多狮，为百兽王，诸兽见皆匿影。性最傲，遇者亟俯伏，虽饿时不噬。千人逐之，亦迟行；人不见处，反任性疾行。畏雄鸡、车轮之声，闻则远遁。又最有情，受人德必报。常时病疟，四日则发一度，病时躁暴猛烈，人不能制，掷以球，则腾跳转弄不息。

【译文】

　　利未亚洲盛产被誉为百兽之王的狮子，其他动物见到狮子都会藏匿躲避。它们的性情极为傲慢，遇到它们的人会迅速趴下，这样做即使它们饥饿时也不会攻击。即使千人追逐，它们也行动缓慢；在没有人的地方，反而奔跑敏捷。它们害怕雄鸡和车轮的声音，一听到就会远离。而且它们非常重感情，受到人的好处必定会回报。它们经常患疟疾，每四天发作一次，病发时非常烦躁、暴躁，人无法将其制服，就扔给它们球，它们就会腾跳和翻滚着玩耍。

◄ 狮子

选自《坤舆图说》［比利时］南怀仁　收藏于法国国家图书馆

【原文】

利未亚洲有兽，名意夜纳，形、色皆如大狼，目睛能变各色。夜间学人声音，唤诱人而啖之。

【译文】

利未亚洲有一种动物，名为意夜纳，外形和颜色都像成年的狼，眼睛能够变化成各种颜色。夜间它们会模仿人的声音来诱出人类，再将其吃掉。

意夜纳 ▶

选自《坤舆图说》［比利时］南怀仁　收藏于法国国家图书馆

【原文】

　　亚毗心域国产兽，名恶那西约，首如马形，前足长，如大马，后足短。长颈，自前蹄至首高二丈五尺余。皮毛五彩，刍畜圉中，人视之，则从容转身，若示人以华彩之状。

【译文】

　　亚毗心域国产一种动物，名为恶那西约，头部形状像马，前腿如成年的马一样长，后腿较短。它们脖子很长，从前蹄到头部高达两丈五尺以上。它们的皮毛五彩斑斓，当人们在草地和动物园中看它们时，它们会从容地转身，仿佛给人们展示它们华丽多彩的形象。

◀ 恶那西约

选自《坤舆图说》［比利时］南怀仁　收藏于法国国家图书馆

亚墨利加洲

【原文】

白露国产鸡，大于常鸡数倍，头较身小，生有肉鼻，能缩能伸，鼻色有稍白，有灰色，有天青色不等，恼怒则血聚于鼻上，变红色，其时开屏，如孔雀。浑身毛色黑白相间。生子之后，不甚爱养，须人照管方得存活。

【译文】

白露国产的鸡比普通鸡大数倍，相对身体来说，它们的头部较小，肉质的鼻子能够伸缩，鼻子的颜色有淡白色、灰色和天蓝色等。当它们愤怒时血液会聚集在鼻子上变成红色，此时展开尾羽像孔雀开屏一样。它们身上的羽毛黑白相间。它们在孵化后不怎么爱护养育自己的幼崽，需要人来照管才能生存下来。

白露鸡 ▶

选自《坤舆图说》［比利时］南怀仁　收藏于法国国家图书馆

南亚墨利加洲

【原文】

智勒国产异兽，名苏，其尾长大，与身相等，凡猎人逐之，则负其子于背，以尾蔽之。急则吼声洪大，令人震恐。

【译文】

智勒国出产一种名为苏的奇特动物，它的尾巴非常长，与身等长。当猎人追逐它时，它将自己的幼崽置于背上用尾巴遮盖。在紧急情况下，它会发出巨大的吼声使人们感到震惊恐惧。

◀ 苏

选自《坤舆图说》［比利时］南怀仁　收藏于法国国家图书馆

【原文】

南亚墨利加洲伯西尔喜鹊，吻长而轻，与身相等，约长八寸，空明薄如纸。此地蛇大无目，盘旋树上，凡兽经过其旁，闻气，即系缚之于树间而食。

【译文】

南亚墨利加洲的伯西尔喜鹊，它的嘴长且轻，长度约有八寸，几乎与身体相等，像纸一样轻薄透明。这个地方有一种巨大无眼的蛇盘旋在树上，当其他动物经过它旁边时，闻到气味就会将动物缠绕在树间吃掉。

无眼蛇和伯西尔喜鹊 ▶

选自《坤舆图说》［比利时］南怀仁　收藏于法国国家图书馆

【原文】

南亚墨利加洲骆驼鸟，禽中最大者，形如鹅，其首高如乘马之人，走时张翼，状如棚。行疾如马，或谓其腹甚热，能化生铁。

【译文】

南亚墨利加洲的骆驼鸟形状像鹅是禽类中最大的，它的头比骑马的人还要高，行走时展开翅膀形状像棚子。它奔跑的速度像马一样快，有人说他的腹内非常热，能够把铁熔化。

◀ 骆驼鸟

选自《坤舆图说》［比利时］南怀仁　收藏于法国国家图书馆

【原文】

　　海中有飞鱼，仅尺许，能掠水面而飞，狗鱼善窥其影，伺飞鱼所向，先至其所，开口待唊，恒追数十里。飞鱼急辄上舟，为舟人得之。

【译文】

　　海中有一尺左右长的飞鱼，能够掠过水面飞行，狗鱼善于窥伺它们的行踪，先到飞鱼飞向的地方张口等待，常常为此追逐数十里。飞鱼一旦被逼急了就会跃上船被船员捕获。

飞鱼和狗鱼 ▶

选自《坤舆图说》［比利时］南怀仁　收藏于法国国家图书馆

【原文】

　　大东洋海产鱼，名西楞，上半身如男女形，下半身则鱼尾，其骨能止血病，女鱼更效。

【译文】

　　大东洋出产一种名为西楞的鱼，上半身像男人、女人的样子，下半身则是鱼尾，它的骨头能够治疗出血病，雌鱼疗效更好。

◀ 西楞

选自《坤舆图说》［比利时］南怀仁　收藏于法国国家图书馆

【原文】

把勒亚鱼，身长数十丈，首有二大孔，喷水上出，势若悬河。见海舶，则昂首注水舶中，顷刻水满舶沉。遇之者以盛酒巨木罂投之，连吞数罂，俯首而逝。

【译文】

把勒亚鱼身长数十丈，头部有两个巨大的孔，向上喷出水来如悬挂的河流。当它遇到海船时会抬头将水喷进船中，顷刻间就能将船灌满水让船沉掉。海上遇到它的人们把装满酒的大木桶投掷给它，连续吞咽几桶后就俯首离去。

把勒亚鱼 ▶

选自《坤舆图说》［比利时］南怀仁　收藏于法国国家图书馆

【原文】

剑鱼，嘴长丈许，有龉刻如锯，猛而多力，能与把勒亚鱼战，海水皆红，此鱼辄胜。以嘴触船则破，海舶甚畏之。

【译文】

剑鱼嘴长约一丈，有像锯一样的牙齿，凶猛而强壮，能与把勒亚鱼战斗，在它们战斗的过程中海水变红，这种鱼便取胜了。它一旦用嘴碰撞船只，船只就会被损坏，因此海船非常害怕它。

【原文】

海舶广大，容载千余人，风帆十余道，约二千四百丈布为之。桅高二十丈，铁猫重六千三百五十余斤，缆绳重一万四千三百余斤。其详见前海舶说终篇。

【译文】

海船非常宽广，可容纳数千人，船帆有十多道，约有二千四百丈长。桅杆高二十丈，铁锚重约六千三百五十斤，缆绳重约一万四千三百斤。关于这些细节，请参阅前文的"海舶篇"。

海舶 ▶

选自《坤舆图说》［比利时］南怀仁　收藏于法国国家图书馆

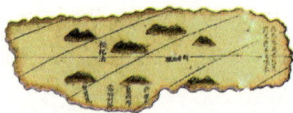

七奇图

【原文】

上古制造弘工，记载有七，所谓天下七奇是也。

【译文】

上古时期的宏伟建筑，有文书记载的有七个，这就是所谓的天下七大奇观。

一、亚细亚洲巴必鸾城

【原文】

瑟弥辣米德王后创造京都城池，形势矩方，每方长五十里，周围计二百里，城门通共一百，皆净铜作成。城高十九丈，阔、厚四丈八尺，用美石砌成。城楼上有园囿、树木景致，接山水涌流，如小河然。造工者每日三十万。

京都城池 ▶

选自《坤舆图说》［比利时］南怀仁　收藏于法国国家图书馆

【译文】

　　瑟弥辣米德王后建造了京都城池，形状方正，每边长五十里，城池一周总计二百里，城门共有一百座，都是用纯铜制成。城墙高十九丈，宽厚四丈八尺，用精美石头砌筑而成。城楼上有花园、树木景观，并将山上的水引到城楼之上如小河一般。为建成巴必鸾城，每日有三十万工匠参与建造。

二、铜人巨像

【原文】

　　乐德海岛铜铸一人，高三十丈，安置于海口，其手指一人难以围抱。两足踏两石台，跨下高旷，能容大舶经过。右手持灯，夜间点照，引海舶认识港口丛泊。铜人内空通，从足至手，有螺旋梯，升上点灯。造工者每日千余人，作十二年乃成。

【译文】

　　乐德海岛铸造了一座铜人像，高三十丈，安置在海口，一个人张开双臂很难将它的手指抱拢。铜人像两脚踏在两块石台上，双足横跨的两石台之间开阔，能够容纳大船经过。它右手举着灯，灯在夜间点亮，目的是引导海船识别港口并停泊。铜人内部是空的，从脚到手有螺旋楼梯，可以攀爬上去点灯。每日有一千余人参与建造，历时十二年才完成。

铜人巨像 ▶

选自《坤舆图说》［比利时］南怀仁　收藏于法国国家图书馆

三、利未亚洲厄日多国孟斐府尖形高台

【原文】

多禄茂王建造，地基矩方，每方一里，周围四里，台高二百五十级，每级宽二丈八尺五寸，高二尺五寸，皆细白石为之。自基至顶，计六十二丈五尺，顶上宽容五十人。造工者每日三十六万。

【译文】

多禄茂王建造的高台地基是矩形的，每边长一里，周长共四里，台阶有二百五十级，每级宽二丈八尺五寸，高二尺五寸，都是用细白石砌筑而成。从基座到顶部共计六十二丈五尺，顶部可以容纳五十人。每日有三十六万工匠参与该高台的建造。

尖形高台 ▶

选自《坤舆图说》［比利时］南怀仁　收藏于法国国家图书馆

四、亚细洲嘉略省茅索禄王茔墓

【原文】

亚尔德弥细亚王后追念其夫王,建造茔墓,下层矩方,四面各有贵美石柱二十六株,穿廊圆拱各宽七丈余。内有石梯至顶,顶上铜辇一乘,铜马二匹,茅索禄王像一尊。其奇异一在制度,二崇高,三工精,四质料纯细白石。筑造将毕,王后忆念其夫王,怅闷而殂。

【译文】

亚尔德弥细亚王后为纪念她的丈夫,建造了一座陵墓,底层是方形的,四周各有二十六根珍贵精美的石柱,穿廊呈圆拱形,每个宽七丈余。内部有石梯直达顶部,顶上放置了一辆铜制辇车,两匹铜马,还有一尊茅索禄王雕像。其奇特之处在于首先建筑的规模庞大,崇高壮丽,再次是建筑的工艺精湛,最后建筑材料选用了纯净细白的石头。当快要完工时,王后怀念其丈夫竟悲伤抑郁而死。

茔墓 ▶

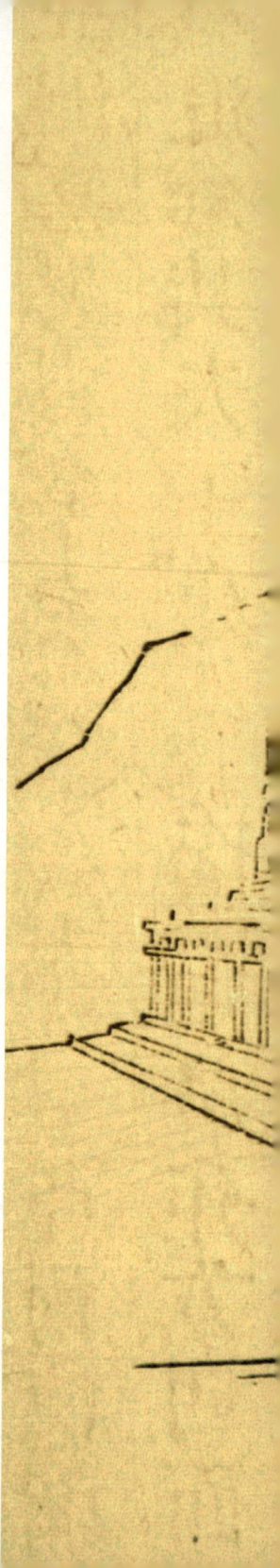